私は山に向かって目を上げる

——信州南佐久における宣教と教会開拓——

水草　修治

地引網出版

聖書の引用は特に指定のない限り『聖書　新改訳2017』を使用

推薦のことば

水草修治君と私

一九八二年の四月、私は東京の国立市にあった東京基督神学校に入学しました。入学式の日、おでこの広いひょろっとした新入生が、小柄でがっちりとした人とにこやかに話していました。ひょろっとしたのが水草修治君で、がっちりしたのが、これも新入生の白石剛史君でした。入学直後、水草君のお父様が大きな手術を受けました。そのため神学校では二十四時間の連鎖祈祷会をしました。入学早々の忘れがたい経験です。当時の神学校では、卒業を前にした先輩に四十日の断食をしている人がいたりして、これはただならぬ世界に足を踏み入れたと思いました。そしてただならぬ友人たちと出会いました。

大学で歴史を専攻した私は、これからは啓示の世界に生きようと決意して神学校に入学したのですが、丸山忠孝校長と出会って歴史神学を知りました。また、安藤肇『深き淵より キリスト者の戦争体験』(1959年)により戦時下の日本の教会の罪を教えられ、将来牧師となるときに大切にすべきことが見えてきました。そこで日本の基層文化が残る「田舎」において伝道し、そこに主の教会を形成する、という志が生まれ、水草君たちと日本福音土着化祈祷会「葦原《あしはら》」の趣意書を書き、同じ思いを持つ兄姉と共に祈りと学びを始めました。地方の教会と文通して祈り、福音の土着化やコンテクスチュアリゼーション（文脈化）に関する学びを続けました。

最初の任地の板橋と練馬で、私たちはそれぞれ結婚し、四人でカルヴァンの『キリスト教綱要』を読み、それぞれ牧会をしながら大学院で学びました。私たちは宮村武夫先生から学んだ「地域に根ざし地域を超える」という理念を心に刻んで地域教会の形成にあたりました。「葦原」の交わりは卒業後も続き、私はやがて郷里である群馬の吾妻で創立百年を超えた母教会の牧師になり、水草君は信州小海での開拓伝道を始めることになりました。私は若者を育てて送り出す教会と送り出された兄姉をつなぐために「吾妻通信」（後に「吾妻教会月報」）を発行しましたが、水草牧師は地域の人々に語りかける「通信小海」を全戸配布しました。その内容がいかに地域の人々に届いたかを示すのが、本書に記された離任の折の「通信小海」読者の会です。

私は二〇〇四年に東京基督神学校の校長になりました。その時、もう一人の候補が水草牧師でした。私たちは話し合いました。私は水草牧師が適任であると思いましたが、彼は会堂の献堂から間もないときで、働きが一区切りを迎えていたのが私でした。

話は戻りますが、私の最初の赴任先である徳丸町キリスト教会の夕拝で水草牧師に語ってもらった教理説教をまとめた『神を愛するための神学講座』（１９９１年）は、増補を重ね『新・神を愛するための神学講座』（２０２２年）になりました。今回の本は「神を愛するための神学」がどのように実を結んだのかを明らかにしています。数々のエピソードに心を和まされ、励まされる回顧録となっているのですが、水草牧師の持ち味は、一つ一つの体験が神学的思索と結びついているところです。神学が実践され、実践が神学を深めるという循環が、この本には詰め込まれています。そのつながりを示す注記が各所にありますから、読者はこれに導かれて両書を併せて読まれることをお勧めします。

一例を挙げましょう。水草君は神学生時代に宣教学のクラスで、「福音を文脈化するのは間違いで、文脈化すべきは福音を伝える媒体である」ことを学びました。そして、南佐久郡での伝道において、「神に対する悔い改めと主イエスに対する信仰」を変えることなく、共通恩恵の器に特別恩恵を載せてその地域の人々に届けることを原則にしますが、その実践の中で、共通恩恵もまた単なる手段ではなく、それ自体に価値あることなのだと気づきます。地域の人々を愛し馴染もうという姿勢で、とにかく何でもやってみる。出会いが生まれたら最初にその人のために祝福を祈る。最初に祈らないと仲良くなっても福音を語るのが難しくなる。本当にそのとおりでしょう。具体的にどんな興味深いことが語られているかは、本文をお読みください。

本書は、地方伝道に大そう役立つ手引きであり、福音宣教の普遍的な神学の書でもあります。「葦原」の志が、実践され深められ、次代へのバトンとして整えられたことに敬意を表し、神の国の福音のために大いに用いられることを祈ってやみません。

東京基督教大学学長　山口 陽一

はじめに

一九九四年三月末、私たち家族は東京都練馬区から長野県南佐久郡に開拓伝道するために小海《こうみ》町の借家に移り住みました。家族は私たち夫婦、小学一年生の長男、生後三か月の長女、そして前年の秋口神戸から東京に来て一緒に暮らしていた私の病身の母でした。その後カタツムリの散歩のような伝道でしたが、キリストの福音によって一人二人と主の選びの羊が呼び出されて小さな群れができ、二〇〇一年末にはＪＲ小海駅のすぐそばの小高い丘の上に美しい会堂が建ち、さらに十五年間、南佐久郡全域の布教と教会形成に励みました。そして二〇一六年春、新しい使命を受けた私は、後任の牧師家族を迎えて、北海道苫小牧に転じました。二十二年間の奉仕でした。

二〇二一年十一月末に、練馬でも小海でもお世話になったＫＤＫ（国内開拓伝道会）セミナーで、南佐久郡開拓伝道について話すことを求められました。華々しくもない報告でしたが、かえってそれが良かったのか、多くの「励まされた」というお言葉をいただきました。そのレポートを私のホームページ「苫小牧福音教会　水草牧師のメモ」にアップしたのを地引網出版代表の谷口和一郎氏が見て、月刊『舟の右側』に「私は山に向かって目を上げる―南佐久郡開拓伝道の記録―」と題して連載することになり、それに今回いろいろなエピソードを加えたのが本書です。

練馬の教会も宣教師と一緒に働いた開拓期の群れでしたから、開拓伝道のノウハウ本はいくつも読みましたが、正直に言えば私にとってはあまり役に立ちませんでした。なぜかと考えてみたら、それぞれの伝道者で与えられた条件があまりにも違うからです。まず遣わされた地域における人口増減、文化・歴史、経済状況、住民の年齢層、時代などことごとく異なっており、そして伝道者自身の年齢・経験・性格・賜物が違うからだと思います。

しかし、ある年、広島で開拓伝道を経験された福音自由教会の牧師が松原湖バイブルキャンプでなさった講義からは、「ああ、教えられたなあ」と感じました。その牧師が遣わされたのは地方の大都市郊外の一戸建てベッドタウンで、団体挙げてのプロジェクトであるのに対し、私が開拓に携わった南佐久郡とはまったく条件は違ったにもかかわらず、教えられたと感じたのです。その内容は、ご自身の伝道者としての信仰と人格の形成と、師が理解する伝道と教会形成の原則に関することでした。そこで、私も前半は南佐久郡開拓に立つまでの「伝道者の形成」について書き、後半では興味深いエピソードも交えながら、私が従ってきた伝道と教会形成の原則を主な内容として書こうと思います。エピソードに登場する小海キリスト教会と地域の方たちは原則としてファーストネームで紹介することにしました。苗字の種類が限られている南佐久郡は、ファーストネームで呼び合う地域なのです。

前著『新・神を愛するための神学講座』(地引網出版、二〇二二年)の帯に「机上の学問としての神学ではなく伝道と牧会の現場で紡ぎ出された神学」と紹介していただきました。そこで、章末ごとの注に『新・神を愛するための神学講座』の関連箇所を記しておきますので、ご参照いただければきっと役に立つと思います。

この小さな本が、きょうも生きて働かれる宣教の主を証しし、日本列島津々浦々にまで福音が満ち、キリストの教会が建て上げられるための励ましになればと願っています。

二〇二三年三月

著者

目次

Ⅱ 「葦原」にて 87

I　伝道者の形成

1　回心

幼稚園から高校まで

　私は小学四年生までは神戸市の須磨寺町というところで育ちました。目の前に大池があり、池の向こうには緑の山なみ、池のほとりには寿楼と延命軒というホテルが建っていて、桜の名所でした。少し足を延ばせば須磨の白砂青松の海岸にも歩いて行くことができて、夏には家族で海水浴に出かけました。祖母が大きなタイヤの浮き輪に幼い私を入れて、足がつかないところまで連れて行ってくれたことを憶えています。須磨海岸に向かう道の途中に、日本基督教団須磨教会の千鳥幼稚園があって、幼い日はそこに通っていました。良い子にはしていましたが、せいぜい「神様はおるんかなあ」くらいのことでその二年間は終わってしまいました。卒園式の日、先生が「みなさん、毎週日曜学校に来てくださいね。」と言われて「はーい」と答えましたが、一、二度行っただけでした。

　末っ子ということもあって字を読めるようになるのが早かった私に、小学一年生の四月四日の誕生日、母は子ども向けの三巻本を買ってくれました。そこに収められていた古事記やギリシャ神話を読んで、この神々とキリスト教の神はどういう関係にあるんかなあ、などとぼんやりと考えたりしました。といって読書ばかりしているわけではなく、学校から帰ってくると宿題を早々に終わらせて、ほとんど毎日、兄や友だちと須磨寺境内や公園で夕方五時まで遊んで帰ってくるという普通の小学生でした。

けれども、中学・高校と進むうちに、私は進化論の影響を受けてほとんど無神論的になっていきました。家にあった子ども図鑑に毛深いおじさんたちが焚火を囲んでいる絵がありました。よく見ると、おじさんのお尻にはしっぽが生えているのです。今思えばなんともいい加減な図鑑ですが、中学で生物部に入ってモリアオガエルを追いかけ回していたころには、私の中で進化論はすでに常識となっていました。

とはいえ、幼いころ聞いたキリストにもなんとなく関心がありました。父は神戸に本社がある真珠会社で営業部の責任者をしていて、取引先は海外のバイヤーがほとんどでしたが、数少ない国内の取引先に中田実さんという方がいました。中田さんは、東京本郷に住む無教会の集会の先生らしく、父宛に『聖書の講解』という白表紙の機関紙を定期的に送ってくださっていました。父の本棚に何冊もそれが積まれていたので、私は高校生になると一応目を通していました。私はその冊子で初めて「放蕩息子の譬え」を読んだのです。

高校ではキリスト教会に対する反感と敬意を抱かせられることがありました。反感というのは世界史の授業で魔女狩りや十字軍という教会の犯した恐るべき歴史上の罪を知ったことによります。私は森嶋恒雄著『魔女狩り』（岩波新書）を読んで、それだけでは気が済まず、カトリックの三木君という友人に貸してやるほどでした。また、ある現代国語の授業の中でキリスト教が話題になって、教師が「このクラスにクリスチャンはいますか？　少しキリスト教のことを説明してください。」と問いかけたことがありました。すると、萩原裕子《はぎわらひろこ》さんという同級生が手を挙げて、自分がどういうことを信じているのかを短く説明しました。病弱で休みがちな大人しい人という印象を持っていたので、意外さといささかの敬意をいだきました。振り返れば、なんだかんだ言っても、キリスト教は私にとってずっと気になる存在ではあったわけです。

祖母の死

私が高校二年生の冬、祖母が風邪をひいて一週間ほど寝込みました。ただの風邪だったのですが、それをきっかけに祖母は老人性鬱の症状を呈し始めました。家の空気が暗くなり、私は自分が受験生であることを口実に、あまり祖母にも関わらないようにして、日曜日も図書館に行っていました。ただ帰宅したときには、「ただいま」と部屋にあいさつに行くことを義務として自分に課していました。父も兄も同じように日曜も、ほとんど家にいませんでした。祖母はあるとき、「家の中が砂漠みたいよ」と漏らしていました。ただ母だけが一生懸命に祖母の世話をしていたのです。

高校三年生の夏休み、私は受験勉強のために毎日大倉山の中央図書館に通っていました。ある日、図書館に近い上り坂の小さな珈琲ショップの前で一人の男性に呼び止められました。『塩狩峠』というキリスト教の無料映画会があるというのです。ホームビデオがない時代、無料映画というのは少々魅力的でした。そこで、その日は早めに勉強を切り上げて、図書館に来ていた二人の同級生と一緒に隣にある神戸文化ホールに出かけました。

映画は明治四十二年、北海道の塩狩峠で起きた鉄道事故を取材して書かれた三浦綾子の小説を映画化したものでした。印象に残ったのは二つの場面です。一つは、夕暮れ時、雪の降りしきる街角で一人の伝道者が、イエス・キリストを伝えていることばでした。伝道者は「イエスという男は世にも馬鹿な男で、十字架にかけられて殺されようとしている苦しい息の下で、自分をあざける人々のために、『父よ。彼らをゆるしたまえ。そのなすところを知らざればなり。』と祈ったのであります。このイエスを、私は神であると信じるのであります。」と説教していました。もう一つ印象に残ったのは、主人公の乗る列車の最後尾の客車の連結部が外れて、塩狩峠を逆走し始めたときに、主人公が身を挺して列車を止めて多くの乗客を救った場面です。雪の上に鮮血が飛び散りました。

映画を見終えて外に出ると、日はもう西の空に傾いていました。友人二人と石畳の坂を下りながら話しました。「あんな死に方できると思うか？」「いや俺はできひんな。」と二人が話しているのを聞きながら、私は身の程知らずにも『ぼくならできるかもしれん』と内心つぶやいていました。私は、自分がどんな人間であるか、まるでわかっていなかったのです。

それから一か月後のある日曜日の夕方、私は図書館での勉強を終えて帰宅しました。母は買い物に出かけているようです。勝手口から入って台所を通り、玄関の廊下に出ていつも祖母が寝ている部屋をのぞいて「ただいま」と言おうとしましたが、寝床は空っぽでした。ふと階段を見上げると、祖母の体がぶら下がっていました。怖くなった私は、いったん家の外に出ました。心の中で「なんでこんな死に方をしたんや。水草家の恥。あとの者の迷惑や。」と祖母をなじりました。けれども、このままでは戻って来た母が発見者になってしまいます。それでは母があまりに哀れだと思いました。呆けてしまった祖母を懸命に世話をしていたのは母一人でした。私は家に戻り、一一〇番をしてから、祖母の亡骸を左腕に抱きかかえ、右手に握ったカッターナイフで荷造り紐を切りました。祖母の体はまだ温かく、私の左腕に意外なほど軽くて、「おばあちゃん。かわいそうなことをした」と、初めてまともな人間らしい感情が湧いてきました。

警察が来て、母が帰り、父が帰って来ました。警察は事情聴取して事件性は無いと判断して帰って行きました。警察から祖母の自殺の動機について問われ、「思い当たるふしはありません。」と言った父に対し、私は「なにが『思い当たる節はない』や。おばあちゃんは寂しくて死んだんやないか。」となじりました。父は黙っていました。けれどもほんの少し前、祖母の亡骸を見たとき、祖母を「なんでこんなことをした」と心の中で罵ったのは、この私でした。

葬儀が終わると、日に日に『ぼくには愛なんてひとかけらも無かった。おばあちゃんの死を前にして、あんな言葉を胸の中で吐き出してしまうとは。』という自分自身に対する絶望感が押し寄せてきました。『ぼくは何のために生きていくのか？　なんのために大学に行くのか？　こんな愛のひとかけらもない人間に生きる価値はあるんか？』そんなことをつぶやいていました。ある夕暮れ時、台所仕事をしている母の背中に向かって、「お母さん。人間はなんのために生きるんやろう。」と聞きました。母はしばらく黙っていて、「そうねえ。なんのためやろうね。」とだけ言いました。母は日本の嫁として、姑に一度も口答えすることなく生きてきたことを誇りにしていました。姑が病んでからは、嫁として最後の務めを果たそうとしていた矢先の出来事でした。でも葬儀のとき、親戚からなじられたのは母でした。いちばん辛かったのは母だったのですが、私はそういうことにも気づかない者でした。

何も問題ないときには理想的なことを口先で言っていても、窮地に追い詰められたら、心の淵からエゴイズムが噴き出して来る自分の本性を知って、私は自分に絶望していました。そうして、この世に、ほんとうの愛なんてあるのか？……あるとしたら、あの十字架にかかって敵のために「父よ、彼らを赦したまえ」と祈ったというキリストにだけあるんだろう、と考えるようになっていました。

　翌春、大学受験に臨みました。高校二年生のときから国文学者になることを志し、師事したい教授がいる志望校でした。一次試験には合格したので、二次試験までの勉強の合間、宿にあったギデオン協会の聖書でマタイ福音書を初めて通読しました。二次試験は得意科目だけだったので、当然合格するものと高を括っていたのですが、結果は不合格でした。

回心

　浪人生活が始まりました。親に負担をかけたくなかったので、毎日図書館に通って参考書と問題集そして通信添削で勉強することにしました。また大学に入る前に日本の中古・中世の主要な古典には目を通しておくことにしました。源氏物語はさすがに大きすぎて果たせませんでしたが……。夏の模擬試験の帰り、阪急電車の中であの萩原裕子さんと偶然一緒になりました。私は吊革にぶら下がりながら、彼女にキリスト教についての非難を込めた質問をいくつかぶつけました。すると彼女は、「私に聞かれても正しく答えられへんから、牧師さんに聞いてみたら？　今度の木曜日、うちで家庭集会があるから、その前に来たら会えるわよ。増永俊雄先生という牧師さんよ。」と言われました。引っ込みがつかなくなった私は、木曜日、萩原さんの家に行くことになりました。

ツクツクボウシが鳴く夏の終わりでした。寺の参道の坂を登り切った左に、萩原さんの家はありました。古い屋敷でした。薄暗い廊下を通って座敷に通されると、増永俊雄牧師が奥に端座していました。牧師の背後の簾から光が漏れてきます。私はメモ用紙に十ほど難問を用意して、牧師に向かって座りました。

増永牧師との対話で印象に残ったことの第一は、何を質問しても「聖書はこう言っています。」とか、「それは聖書に書いていないからわかりません。」と答えられたことです。この人には自分の考えというものが無いのか?と思った反面、この人は本当に聖書が神のことばだと信じきっているのだと感心もしました。印象に残った第二は、「私が生きているのは神の栄光のためです。私が神を信じるのもまた神の栄光のためです。」と言われたことでした。人生の目的を探しあぐねていた私には、そのことばは暗闇に差し込んだ光でした。印象の第三は、過去に教会が行なった魔女狩りや十字軍についてどう考えるのかという私の質問に対して、先生は「私たちは神を信じていると言いながらも、それほど罪深い者なのです。ですから、神の前に罪を認めて懺悔するほかないのです。」と言われた点でした。いろいろと逃げ口上を言うに違いないと思って反論も用意していたので、意外でした。またこのとき、増永先生は「水草君。英語にはTo see is to believe.ということばがあるでしょう。しかし、信仰の世界においては、To believe is to see.なんです。」と理性と信仰の関係について、含蓄あることをおっしゃいました。

面談の後、私は萩原さんから、イゾベル・クーン著『神を求めた私の記録』という本をプレゼントされ、三浦綾子著『旧約聖書入門』を貸してもらいました。前者はある女性宣教師が若い日に、どのようにキリストを信じるに至ったかを記した体験談で、「祈って求めると、聞いてくださる神は、本当にいるのかもしれない」と思いました。後者を読んで印象深かったのはヨブ記でした。ヨブはすべてを奪われたときに、「主は与え、主は取られる。主の御名はほむべきかな。」と祈ったというのです。二冊ともすぐに読んでしまいましたが、なお私は、キリストを心に受入れようとはしませんでした。

十二月の半ば、萩原さんから教会の青年会のクリスマス会への誘いの電話がありました。会堂は私が卒業した飛松中学校の正門前にありましたが、十字架の塔が立つ教会然としたものでなく、一見普通の家に見えました。けれども、玄関ドアに「日本基督改革長老教会東須磨教会」という小さな看板があり、入ってみると四十畳ほどのちゃんとした礼拝堂で、正面には黒光りする説教卓があり、両側の窓は縦長のものでした。クリスマスツリーもなければ、何の飾りもありません。集っていたのは高校生、浪人生、大学生、若い社会人といった感じで、女性宣教師がいました。青年たちは聖書を開いて感想を話し合っていました。心に残ったのは祈りのことばでした。終わりの祈りで、一人の女性が願い事をしたあと、「神様、でもあなたの御心のようになさってください。」と祈ったのです。祈りなんて怠惰な人間が自分の欲を神に押し付けるだけの卑しいものだというイメージを持っていた私には、新鮮に響きました。

年が明けて一月半ばのある夜、自室で机に向かっていると、なんとも表現できない胸に迫るものがあって、私は机につっぷして初めて「神様！　神様！」と呼びました。祈り方も知らないので、それが精一杯でした。その数時間後、ベッドの中の私は、胸にのしかかる力を感じて目が覚めました。部屋の電灯は消えていますが、窓の外から街灯の青白い光が入ってきています。その大きな力に対して私は、「神よ、私を赦してください！　私はあなたを信じます！」と叫びました。一夜明けて、えらいことを祈ってしまったと思いましたが、あのように祈った以上、前に進むほかないと思い、増永牧師に手紙を書きました。二、三日すると返信が届きました。「聖書に『主を求めよ。お会いできる間に。近くにおられるうちに呼び求めよ。』とあります。私たちの人生の中で神が近く臨んでくださることは、そんなにあるものではありません。水草君にとって、今がその時ですから、機会を生かされるように。」という趣旨の手紙でした。

こうして私は次の日曜日から東須磨教会に毎週通うようになりました。増永牧師は療養中のため不在で、礼拝では宣教師が聖書を解き明かしていました。赤ちゃんから高齢者までさまざまな人々の集いでした。自己紹介を求められて立ち上がったとき、「私は八〇パーセント、クリスチャンです」と言ったことを憶えています。何度目かの礼拝後、あのクリスマス会にいたパッツイ・ボイル宣教師が、ジョン・ストット著『信仰入門』という本をプレゼントしてくださいました。ストットによるキリストの復活の論証を読んで、なるほどと信じられました。その後の日曜日、増永牧師が礼拝後、私に歩み寄って来られました。「水草君は、イエス様はどういうお方であると思っていますか?」と問われて、私は「イエス様は神の御子だと信じています。」と答えました。すると増永牧師はぱっと顔を輝かせて、「そのことをあなたに教えたのは、人間ではなく、天の父なる神様です。」とおっしゃってマタイ福音書16章のペテロの信仰告白の記事を示されました。一九七八年二月中旬のことです。

増永牧師は私に岡田稔著『カルヴィニズム概論』という本を貸してくださいました。この本はオランダのアブラハム・カイパーの『カルヴィニズム』という本の要約でした。受験直前でしたが、勉強の合間に私はこの本をノートを取りながら丁寧に読みました。著者は、神は教会・学問・芸術・政治などあらゆる生活領域それぞれに領域主権を付与して統治しておられるから、あらゆる生活領域で神の栄光を現わすべきであると教えていました。当時、国文学者になるつもりだった私は、この学問を通して神の栄光を現わして生きていけば良いのだと思いました。

進学のために茨城県に転じることになったとき、増永牧師は「リベラルな教会に行ったら、君の純粋な信仰がどうなるかが心配です。どういう教会か、よく確かめるように。」とおっしゃいました。以前、私のような学生が上京してリベラルな教会に行って信仰がわからなくなったケースがあったそうです。茨城に転じて後も、ほぼ一年間にわたって私は週に二度ほど増永牧師に長文の手紙を書き、先生は二回に一回は返信をくださいました。この多くの手紙のやり取りが私の信仰と神学の手ほどきとなり、翌一九七九年一月に私は東須磨教会で洗礼を受けました。

2　伝道者としての召し

献身と召し

一九七八年四月、大学の寮に住み始めた私は、一番近くにあった教会を自転車で訪ねてみました。ところが、その教会の礼拝では聖書朗読はされたものの、牧師の説教は聖書朗読とは関係が不明の感話でした。変だなあと思いましたが、「礼拝の前に使徒信条の学び会がありますよ。」と勧められたので、翌週は早めに出かけて使徒信条の学び会に出てみました。すると担当していた大学院生は「『われは天地の造り主、全能の父なる神を信ず。われはそのひとり子、我らの主イエス・キリストを信ず。』ここまでは信じられますね。でも、『主は聖霊によりて宿り、処女《おとめ》マリアより生まれ』これは信じられませんよね。」と話し始めたのです。私が激しく抗議すると、その大学院生はたじたじとなっていました。ああ、これが増永先生がおっしゃっていたリベラルな教会なのかと思い、私はその教会に通うのをやめました。

通うべき教会がないなあと思って二週間を過ごしていたとき、同学年に白石剛史君（現在、日本同盟基督教団正教師）という熱心なクリスチャンがいるという噂を耳にしました。私は学内の

朝岡茂先生、満喜子先生

丸善書店で彼を見かけ、「白石君ですか？」と声をかけ、彼の紹介で五月下旬から朝岡茂牧師が牧会する日本同盟基督教団土浦めぐみ教会に通い始めました。白石君は、折々私に助言をくれた友人です。例えば、同教会に通い始めた当初、礼拝が終わると即座に姿を消していた私に彼は、「水草、今日も帰るんか。兄弟姉妹との交わりも大切な奉仕なんやで。」と言いました。私は「交わりも奉仕」ということばになるほどと思い、翌週から礼拝後も残って兄弟姉妹と交わるようになり、キリスト信仰において交わりが必須の要素であること、つまり、神を愛することと兄弟姉妹を愛することが密接不可分なのだと知ったのです。

また今となっては一知半解もよいところで恥ずかしいかぎりですが、当時、私は自分の人生の目的は神の栄光を現わすことだとのぼせ上がって、生きる目的を知らずにいる周囲の人々を見下すような気分でいました。また、ほとんどその中身を知りもしないで「カルヴィニズムこそ最善のキリスト教だ。」と言って、白石君から「主にあって一致することがもっと大事やと思うよ。」とたしなめられました。

その夏、帰省した折に六甲山のロッジで行われた改革長老教会の合同修養会に出席しました。

私が観念の中で作り上げていたカルヴィニズムの教会と違って、その集いは、まことに温かい神の民の集いでした。夜の集会で、神の栄光のために生きていると誇って他を見下している私の傲慢という罪のためにこそ、主イエスは十字架で死なれたのだと気が付いて悔い改めました。一年ほど経って白石君が言いました。「初めて丸善で水草から『白石君ですか？』と声をかけられたとき氷のような冷たさを感じたけど、夏休みが明けて帰って来た水草に会って、いったい何があったんかと思うくらい表情が変わっとった。これで一緒に聖書研究会を始められると思った」と。一年生の秋、私たちは津村俊夫先生に顧問をしていただいて、同期の長島勝君[2]、そして上級生の何人かと、しばらく休止していたという聖書研究会を再開しました。津村先生は当時その大学で助教授をしておられました。

ところが、白石君は一年生の秋以降、かなり長いスランプに陥りました。翌年二月中旬、学年末試験の期間中、私は風邪をひいて寝込んで試験だけ受けに出かけていましたが、横になっていると私の内側に白石君を批判する思いが湧いてきました。『大事な友をさばく思いを起こさせる悪しき者を去らせてください。』と何度も祈りましたが、祈りは一向にきかれませんでした。しかし土曜日の朝、「そのような悪いことを思っているのは、他でもない、おまえ自身ではないか！」と示されました。私は蛇に責任転嫁をした女と同じ罠に陥っていたのです[3]。そして、ああこの罪を赦すために主イエスは十字架にかかってくださったのだとまざまざとわかって、「この人生を自分のために使ったのでは申し訳ありません。どうぞあなたのために用いてください。」と祈りました。それから一か月ほど祈ってから、朝岡茂牧師にそのことを話しました。すると先生は「それは献身ということです。召しのみことばが与えられるまで祈りなさい。」とおっしゃいました。

それから一年と一か月、礼拝説教、個人の祈りと聖書通読、そして常磐ブロック修養会に来られた丸山俊二牧師の説教によって、主は何度も私の内面を揺すぶられました。翌一九八〇年五月の特別伝道集会が終わった夜、私は握っていた最後のプライドみたいなものを全部明け渡して、朝岡茂牧師とともに神様に罪を告白しました。翌早朝、主は聖書通読の箇所から私に伝道者としての召しのことばをくださいました。

「わたしには天においても、地においても、いっさいの権威が与えられています。それゆえ、あなたがたは行って、あらゆる国の人々を弟子としなさい。そして、父、子、聖霊の御名によってバプテスマを授け、また、わたしがあなたがたに命じておいたすべてのことを守るように、彼らを教えなさい。見よ。わたしは、世の終わりまで、いつも、あなたがたとともにいます。」(マタイ28・18－20　新改訳第三版)

折々、私が自分の使命を確認するために立ち返るのは、このみことばです。

奉仕100パーセント、学業100パーセント

「献身者は牧師の右腕、左腕だ」と朝岡先生はおっしゃいました。あるとき私が学業と教会奉仕のバランスについて相談すると、先生は「100パーセント教会奉仕に励み、100パーセント学業に励みなさい。」とおっしゃいました。先生は実際、命がけ、捨て身で主に従う生き方をなさっている方でした。

朝岡茂先生は、敗戦後に朝鮮半島から引き上げて来られて数年後、茨城県土浦市での中学生時代に肺結核に罹り、十数年にわたる療養生活の後、二十代半ばに結核療養所でジェラルド・ウィンタース宣教師から福音を聞いて回心して受洗し、ただちに献身した方でした。先生は強い信仰と実践力と喜びに満ちた火の玉のような牧師で、神学生時代から土浦で宣教師の後を受けて教会形成に携わり、教団では理事会で教育局を担当され、東京基督教短期大学（TCC）では説教学を教えておられました。私が初めて訪ねたときには、教会は七十名弱の群れでしたが、四年後には百二十名近くの群れになっていました。

私は教会学校の中学科を担当して、「この子たちに命をも」という若者らしい情熱で奉仕しました。主の日の朝は一番に教会に出かけて、鍵を開け、ストーブに火を入れ、玄関を掃き清めました。中学生たちとは、毎週一人ひとり交換ノートをしました。中学科礼拝の説教のために、大

学と教会の先輩の宮崎泰行さんからいただいた後藤光三著『説教学』とC・H・スポルジョン、H・ティーリケ著『説教学入門』を勉強し、大学の図書館で聖書註解を開いて自分なりに教会学校のメッセージを磨きました。また、朝岡先生は信仰における知的側面をも重視して、夕礼拝としてH・シーセン『組織神学』の読書会を開いてくださっていたので、毎週積極的に参加しました。また、聖書以外で私が最も影響を受けた書物は、三浦綾子さんの自伝『道ありき』でした。誠実に生きるとはどういうことかを前川正さんの言動から学び、そのように生きたいと思いました。

哲学に学んだこと

私は日本の中古・中世の文学の研究者として身を立てるつもりで勉強していましたが、伝道者としての献身を決意したので、「大学を中退して神学校に進むべきでしょうか?」と朝岡茂先生に質問しました。すると先生は「いや、むしろ神学の学びの備えとなる思想的なことを学んで卒業するのがよい。」とアドバイスをくださいました。そこで私は専攻を国文学から哲学に転じました。哲学というと多くの読者には縁遠い学問と思われるかもしれませんが、有益だったことを四つに絞って紹介しておきます。

第一は、多くの人が当たり前だと思っていることを当たり前だと思わないで、前提にまでさかのぼって考えるようになったことです。一例を挙げてみます。現代人の多くは「そういう考えはもう古いよ」と言えば相手の主張を一蹴できると思っています。若者が親に向かって言うだけでなく、次々に現れる新説に飛びつく学者も同じです。そういう人は「古いものより新しいものが優れている」という観念、つまり「進歩史観」という十九世紀的価値観に縛られているのです。しかし物質文明は進歩しているとしても、人が精神的・文化的に進歩していると言えるでしょうか。物質文明の進歩にしても、大量生産とか大量破壊兵器の機械技術の進歩です。そもそも聖書という二千年前に成立した古文書が「誤りのない神のことばである」という信仰に立って生きているキリスト者ならば、古いか新しいかでなく、聖書という物差しで物事を見るべきです。進歩史観だけでなく、人々は無自覚的な前提（パラダイム）で物事を判断しています。哲学の学びによって、そういう前提を検討する癖がつきました。

第二は、小川圭治教授のもとで読んだキェルケゴールには、神の前に実存を賭けて生きるという姿勢を教えられました。小川先生はカール・バルトのもとで研究し神学博士となったという方でした。キェルケゴールは当時思想界で支配的だったヘーゲルの観念論的哲学のいう真理を批判して、命を賭ける主体性が伴なわないなら、その「真理」は空虚だとして、「主体性が真理である」と主張しました。とはいえ、「主体性が真理である」というのはやはり極論で、それでは「鰯《いわし》の頭《かしら》も信心」になってしまいますから、聖書に啓示された客観的な真理に主体性を賭けて生きるのが、正しい道だと思いました。哲学の学びはチャレンジに満ちていましたが、聖書研究会顧問の津村俊夫先生の堅固な聖書信仰とフランシス・シェーファーの著書、そして土浦めぐみ教会での教会生活に支えられました。何より私は、神の恵みに応えて命を賭けて生きる実物を朝岡茂牧師に見せていただいていました。

第三は、パスカルとヘルマン・ドーイウェルトから学んだ「多様性と統一性」です。パスカルは、私たちが生きる世界には「身体の秩序」「精神の秩序」「愛の秩序」という三つの秩序があるとします。「身体の秩序」は物体と俗世の秩序であり、「精神の秩序」は理性的認識や学問の秩序であり、「愛の秩序」は信仰に関わる秩序です。「身体の秩序」に属する人は「精神の秩序」を理解できず、「精神の秩序」に属する人は「愛の秩序」を理解できません。

また、パスカルは対象領域によって認識の原理が異なることをも指摘しています。数学の問題は「幾何学の精神」で認識できますが、人間の生を捉えるのは「繊細の精神」です。また自然現象は「幾何学の精神」では捉えることはできず、実験によらなければなりません。そして歴史や神学の認識の原理は書物の権威です。パスカルは幾何学、自然科学、文学、そして神学を修めた万学の天才なので、こういう視野が開けていたのです。パスカルは真空という状態があるかないかという自然現象の解釈に幾何学的演繹を持ち込んだデカルトを、「無益で不確実なデカルト」と批判しています。

オランダの法哲学者ヘルマン・ドーイウェルトを読んだとき、パスカルの「秩序」と類似した思想を見出しました。彼は生活世界には十五個の様態的側面（modal aspect）があり、各側面には独自の領域主権があるので、一つの側面に他の側面を還元してはならないとします。十五の様態的側面を基礎的側面から挙げていくと、数的側面、空間的側面、運動的側面、物理化学的側面、生物的側面、感覚的側面、分析論理的側面、歴史的側面、言語的側面、社会的側面、経済的側面、美的側面、法的側面、道徳的側面、信仰的側面です。ところが、人はえてして自分にとって好みの様態的側面のみを取り上げて、他のすべての側面をその側面に還元して、「すべてはこれで説明できる」と主張したがる傾向があります。例えばマルクスは「下部構造（経済）は上部構造（政治や宗教など）を決定する。」と言い、カントは宗教を道徳に還元します。生物学者は道徳でいう「善」とは人間という生物種の存続にとって有利なことにすぎないと主張します。化学者は生物の営みは単にそのからだの中で起こっている化学反応にすぎないと主張します。熱心なキリスト者は狭義の信仰的側面のみを絶対化しがちです。本来、これらの多様な様態的側面を統合するのはこれらを創造した神以外におられないのですが、人はえてして被造世界の一つの様態的側面を絶対視して「すべてこれで説明できる」と主張します。ドーイウェルトに言わせれば、これがさまざまな「主義」の正体であり、思想的偶像崇拝なのです[4]。

早春に雪を押しのけて咲く福寿草の黄色い花を指して、「その花が黄色いのは虫を呼び寄せて受粉させるためにすぎない。」と生物学者が説明しても、納得してはいけません。彼は福寿草の生物学的側面を説明しただけのことです。実際は、神は雪の中から花を咲かせる福寿草に美を与え、また、見る私たちに勇気や希望や喜びを与えようとしておられるのです。一輪の福寿草が咲いたということには、生物学的側面だけでなく、道徳的側面、美的側面の価値、そして信仰的側面の価値もあるのです。

大事なことは、創造主である神が、この豊かで多様な側面のある世界を造られたことを認識し、一側面を絶対視してナントカ主義に陥らないことです。この世界は多様な側面からなっており、しかも、それが三位一体の創造主なる神においてのみ統一されています。これが大学時代のパスカルとドーイウェルトから学んだことでした。多様性のみでは世界は分裂して無意味になり、統一性のみでは全体が等質化されて無意味になります。社会も教会も芸術もお料理も、私たちの日常のあらゆる場面でも、多様性と統一性の双方が大切です。

第四は、理性と信仰の関係についてドーイウェルト、ヴァン・ティルに学びました。教父テルトゥリアヌス以来、今日に至るまで、多くの人は理性と信仰は対立するものだと考えています。しかしこれは誤解で、実際には人は自覚的であれ無自覚的であれ、それぞれ何らかの前提（ドーイウェルトの用語で言えば「根本的宗教動因」）に基づいて理性を働かせているのです。神がご自分の造った世界に時に介入されることを信じる超自然主義者は、その前提に基づいて物事を解釈しますが、世界は閉じた系であって仮に神が存在するとしてもこれに介入することはありえないと信じる自然主義者は、その自然主義という前提に基づいて物事を解釈します。例えば福音書で嵐に揺れる小舟で枕していた主イエスが弟子たちに叩き起こされて、やおら起き上がると「黙れ。静まれ。」と嵐に向かって命じると嵐がやんだという記事があります。有神論者は、イエスは万物を支配する神としての権威をもってこの奇跡をなさったと解釈しますが、自然主義者は、その時たまたま嵐がやんだのを弟子たちが誇張したのだ、などと解釈します。どちらかが合理的でどちらかが非合理的なのではありません。それぞれが、それぞれの前提に基づいて理性を働かせているのです。したがって、理性と信仰が対立しているのではなく、実際には超自然主義という前提と、自然主義という前提が対立しているのです。

理性は感情に比べるといかにも中立で冷静な判断をしているかのように見えますが、実際にはその人の根本的動機に基づいて筋道を立てて弁じる機能にすぎません。

勤勉と傲慢

主の召しに応えようとして、教会奉仕にも学業にも励んだ日々は充実していましたが、それがいつのまにか、あの放蕩息子の勤勉な兄のように誇りとなってしまったのでしょう。私は熱心さに欠ける教会学校の同労者に苛立ったことがありました。大学の卒業間近、神学校入学の一か月前、牧師宅を訪ねたとき、そうした話題の中で朝岡茂先生は顔を青白くして「君は傲慢だ。君の周りには草も生えない！」と怒りを発せられました。先生から激怒されたのは後にも先にもその一回きりです。先生は、私が神学校に入る前に、どうしても私を戒めておくことが必要であると考えられたのだと思います。私は愕然として、周りには草も生えないような者が、もし牧師になったならば、神様にご迷惑をおかけするだけではないかと思いました。

話が終わると、朝岡先生はさらりと「さあ、食事にしよう」とおっしゃいました。満喜子夫人はしょんぼりしている私を見て、すべてわかっていらっしゃるように微笑んでいました。テーブルに着くと先生は、「神学生になったなら、士官学校に入ったと心得て、勉強と奉仕に励むように。」そして、「君のことは他の牧師には任せられないから、朋友《ぽんゆう》の宮村武夫牧師に奉仕教会をお願いしておいた。」と言われました。聞けば、宮村先生という方は、ハーバード大学神学部を出られた俊才なのだそうで、そのときはどんな恐ろしい先生だろうかと思いつつ、背筋を伸ばして「はい！」とお答えしたのでした。

1　水草修治『新・神を愛するための神学講座』（地引網出版、2022年）第十九章「主の教会」4「聖礼典（4）交わり」を参照。

2　現在カナダ・バンクーバー在住の翻訳家。訳書にジェームズ・M・フーストン『喜びの旅路―狭間を生きるキリスト者たちへ』（いのちのことば社、2007年）、J・I・パッカー『十字架は何を実現したのか 懲罰的代理の論理』（いのちのことば社、2017年）、『信仰義認と永遠の刑罰 J・I・パッカー神学小論集』（いのちのことば社、2022）などがある。

3　水草、前掲書、第十三章2「対悪魔勝利説」最終段落を参照。

4　水草、前掲書、第三章「唯一まことの神」3「有神論―唯一まことの神（2）様々な偶像礼拝」を参照。

3　存在の喜び

「存在の喜び」

宮村武夫牧師

　一九八二年三月末、東京基督神学校の入学許可が下りると、私は宮村武夫牧師が仕える青梅キリスト教会を訪ねました。先生と執事さんたちを前に、「どんな奉仕でもします。お便所の掃除から始めましょうか。」と申し上げました。すると、黒々とした髪、広い肩幅の宮村先生は、分厚い眼鏡の奥から私を見つめて、鼻のつまったような声で「水草さん。神学生として最も大切な奉仕は、礼拝者として、そこに存在することです。」とおっしゃいました。しかし当時の私には、そのことばの意味がよくわかりませんでした。

　実はその一か月前、故郷神戸の父が食道がんで手術をしても余命半年と宣告を受けていて、四月十日が手術日と決まっていました。神学生になった私には、すぐに葛藤が生じました。奉仕神学生として誰よりも忠実に教会に仕えねばならないのに、折々帰省して看護する母を休ませてやらなければと思ったからです。そのため奉仕教会を欠席するたびに、心の中で『お前はそれでも献身者なのか?』という思いが私を責めていました。

しかし、その後の数か月間、青梅キリスト教会と隣町の小作伝道所で教会学校の子どもたちと賛美歌を歌い、礼拝をささげ、みことばを聴き、折々の交わりを通して、宮村先生が言われた「礼拝者としてそこに存在すること、それが最も大切な奉仕です」ということばの意味が、まだことばにはできませんでしたが、なんとなくわかっていきました。

十月十日、父が天に召されました。医師の余命宣告どおり、手術の日からちょうど半年でした。苦痛にさいなまれる日々のなか、「神様が遠くに行ってしまった。」とつぶやくこともあった父でしたが、天に召される前夜には、母に「君と結婚して幸せだった。キリストを信じて天国に行けるから。帰ろう。帰ろう。」ということばを遺して逝きました。五十三歳でした。父と母は私が洗礼を受けた一年後に揃って受洗したのですが、どちらかというと母の方がしっかりとした信仰を持っていたのでした。

葬儀が終わって一か月が経ったもみじの美しいころ、宮村先生が白に黄緑の帯がかかった表紙に、もみの木の前を園児が駆けている素朴な絵をあしらった本を手渡してくださいました。青梅キリスト教会付属もみの木幼児園の記録文集『存在の喜び―もみの木の十年―』[1]でした。宮村先生は、「存在の喜びの『の』は、主格的属格でなく対格的属格の『の』なんです。つまり、存在が喜ぶ喜びではなくて、存在を喜ぶ喜び、神が私たちの存在を喜んでくださっている喜びです。」と、いかにも新約聖書学者らしい説明をしてくださいました。神学校の寮に帰って本を開きました。

ページをめくるごとに、この半年余り、礼拝説教で、ふとした語らいの中で宮村先生から聞かされたことばで、心に残りながら十分に理解できなかったことが解き明かされていきました。聖書が与える目には、これほど喜ばしい世界が映ることを知りました。そして、次のくだりに至ったとき、胸が熱くなって、しばらく先に進むことができなくなってしまいました。

園児にとって、何が無くとも、これだけは是非必要なこと、それは自らの存在が喜ばれている確認です。両親が自分の存在を喜んでいてくれる。園でも、教師や友人たちが自分の存在を喜び受け入れてくれている。自分の存在が少くとも或る人々に心から喜ばれているとの自覚は、必要不可欠なものだ。これこそ、この十年深まりつづけてきた確信です。何が出来るか、何の役に立つかと機能の面からのみ判断されるのでなく、ただそこに存在していること自体が喜ばれ重んぜられる。この経験なくして幼児は、いや人間は真に人間として生きることは出来ないのではないでしょうか。（第一版48～49頁）

神は、私が何ができるできないによらず、私の存在を喜んでいてくださるのだということがはっきりとわかりました。浪人生活の終わるころ、今までの無神論者としての的外れな生き方を悔い改めて、私の罪のために十字架に死んでよみがえられた神の御子イエス・キリストを信じたあの時、私は確かに神の前に義と認められました。しかしその後、献身者は主のしもべであると心得て奉仕に励むうち、いつのまにか自分の行ないに恃む律法主義に逆戻りしていたのです。だから十分に奉仕ができないときには、牧師の顔色をうかがい神の怒りにおびえる奴隷状態に陥っていたのです。ところが主は、「わたしにとっては、おまえが何ができるとか、できないとかいう以前に、おまえがただそこに存在していることが喜びなのだ。」とおっしゃったのです。私のうちに、喜びが湧きあがりました。私は嬉しくて、寄ると触ると『存在の喜び』を話題にして、友人たちに何冊も売ったのでした。友だちは「水草君は『存在の喜び』のセールスマンだね。」と笑っていました。

神学校の最終学年になって土浦めぐみ教会に奉仕神学生として帰ったとき、朝岡茂先生は癌で闘病中でした。三年前は直腸がんでしたが、このたびは膵臓がんで発見が遅れたのです。病床の先生は二年ぶりに私の様子をご覧になって、ある日「君は伸びた。」と言ってくださいました。朝岡先生は、私のような者が真の意味で伸びるためには、宮村先生に委ねることが必要だと見抜いておられたのでしょう。私は朝岡茂先生のもとで主の兵士としての厳しさを学び、宮村武夫先生のもとで神の子とされた喜びを知ったのです。いずれも得難い学びでした。あの日からすでに四十年が経ちました。もし「存在の喜び」との出会いがなかったなら、私はきっと家庭生活でも、田舎での開拓伝道でも、とうに燃え尽きてしまったことだろうと思います。

神の子とされたこと[2]

しかし、私はこの「存在の喜び」の神学的位置づけがわかりませんでした。宮村先生は、それを創造論に基礎づけられるとおっしゃいましたが、納得できなかったのです。ずっと後年にパウロ・ネメシェギ神父の『神の恵みの神学[3]』を読んでわかったことですが、宮村先生が若き日に学んだネメシェギ神父に存在の喜びに通じる思想があり、ネメシェギ神父はその思想をプラトンの存在を善とする哲学から得たのでした。

数年後、J・I・パッカー著『神について[4]』の「神の子たち」の章を読んで、私が経験した「存在の喜び」の聖書的根拠を見出しました。パッカーは、「義認は基礎的で根本的な祝福であるが、神の子とすること（adoption）は最高の恵みである」と教えていました。十七世紀のウェストミンスター信仰基準は、キリスト者がこの世で受ける主な祝福として、義認・神の子とすること・聖化の三つを挙げていますが、近代の神学史において長年にわたって「神の子とすること」の重要性は見過ごされ、義認論の一部として軽く扱われてきました。ですから、救済のプロセスといえば、「義認・聖化・栄化」であると教えられてきました。

「神の子とすること」とは、神が信徒を養子として、つまり実子であるキリストの弟や妹として、特別な愛の対象として迎えてくださることです。義認において神は裁判官ですが、子とすることにおいて神はあの放蕩息子の父なのです。父は「もう、息子と呼ばれる資格はありません。雇人の一人にしてください。」と言おうとする弟息子に最後まで言わせず、接吻して抱きしめ、相続人の指輪をはめました。指輪は「雇人ではない。お前はわが子だ」という証でした。

私は高校三年の秋の祖母の死によって、自分がいかに愛に欠けた利己的な罪人であるかを思い知らされ、また自分には生きる目的がわからないのだということを知りました。そして、増永俊雄牧師との出会いを通して、神の栄光を現わすことが人生の目的であることを知って、悔い改めて神に立ち返り、キリストの十字架の死と復活のゆえに、神に義と認められ、神の栄光を現わすことを目的とする人生をスタートしました。ですが、主の奴隷としての信仰生活はいつしか律法主義に逆行してしまい、それを神学校入学前に朝岡茂先生に厳しく指摘されたのです。ところが、神学生になるとすぐに父の癌が発見されて折々奉仕教会を欠席することになり、自分にとってのいわば律法であった「献身者としての完璧な教会生活」ができなくなってしまい、人の評価と神の評価を恐れるようになっていました。しかし、そのとき神は宮村先生との出会いを通して私に、神は父として私の行い以前に私の存在を喜んでいてくださるのだということを知ったのです。それは、奴隷的信徒になっていた私が、実はすでに神の子とされていた自分を再発見した瞬間でした。まさに「あなたがたは、人を再び恐怖に陥れる、奴隷の霊を受けたのではなく、子とする御霊を受けたのです。この御霊によって、私たちは『アバ、父』と叫びます。」（ローマ8・15）ということでした。

私がたどったプロセスは〈罪の認識→義認→聖化→聖化の挫折→すでに子とされたことの発見→子として聖化〉という順序でした。最近、この順序は、ローマ書の1章から8章に至るパウロの記述の順序と重なっていることに気づきました。客観的には義認と子とされることはほぼ同時なのですが、信徒が主観的に子とされたことのありがたさを認識するのは、聖化の挫折の後になるということです。

「存在の喜び」を知ったとき、主にある兄弟姉妹の存在も輝いて見えてきました。ある真冬の朝、神学校の早天祈祷会の薄暗い教室に、白い息を吐きながら一人また一人と集ってくる兄弟たちを見たとき、主ご自身の「見よ。わたしと、神がわたしに下さった子たち」（ヘブル2・13）という感動が私のものとなりました。以来、主日の朝ごとに、会堂に集まってくる兄弟姉妹の姿を見るたびに、同じ感動を覚えます。

義認と聖化という教理は、ひとり神の前に立つ自分を意識させる働きがあり、それはそれで重要なことです。罪認識は「みんなもやっている」と思っているうちは、確かなものとはなりません。ひとり神の前に立たねば、自分が罪人であることはわからないのです。そして罪がわからなければ、義認の恵みは理解できません。しかし、罪から救われた人は、ひとりぼっちではなく、父・子・聖霊と兄弟姉妹との交わりのうちに招かれている存在なのです。[6]

1 この本は後年、宮村武夫著作7『存在の喜び』(ヨベル、2011年)として再版された。
2 水草、前掲書、第十七章「子としての聖化」を参照。
3 南窓社、1970年。
4 本書は現在『神を知ること』(いのちのことば社、渡辺謙一訳、2016年)として出版されている。
5 水草、前掲書、第十五章「義認―祝福の適用①」2「ローマ書における救いの教えの順序」を参照。
6 水草、前掲書、第十七章「子としての聖化―祝福の適用③」5「神の家族の一員とされた」を参照。

4　神学校で学んだこと

三位一体論的思考

神学校に入る前に、朝岡茂先生に「先生が神学生時代に学んで一番役に立ったのは、どの先生の授業でしたか?」と質問したことがあります。すると先生は、言下に「それは渡邊公平先生の授業です。最も原理的な学びが、最も現場で役に立つものです。」と答えられました。渡邊公平先生は、コルネリウス・ヴァン・ティルに師事した神学者であるとのことでした。幸いなことに、私も東京基督神学校で渡邊公平先生から「キリスト教弁証論」を学ぶ機会を得ました。たしか二年生の前期の水曜日午後の三コマが、その授業でした。「キリスト教弁証論」で教えられたことは、ひたすら〈事物を正しく把握するには、常に類似性と区別性の両方を捉えよ〉ということでした。水曜日の昼食後とあって睡魔に襲われる時間帯で、毎回90分三コマ「類似性と区別性」が繰り返されるので、睡眠学習法が功を奏したのか、学期が終わるころには神学生たちは物事を見るときに「類似性と区別性」の両方に目を配るということが身に着くのです。この思考法を先生は、三位一体論的思考と呼んでおられました。

私は、パスカルを読みながら考えた〈存在が意味あるものであるための条件は、統一性と多様性の両立である〉ということと、渡邊公平先生の〈類似性と区別性の両方を捉えよ〉という教えが、いずれも三位一体論から出ていることに気づきました。ただパスカルから考えたことは、あらゆる存在のあり方に関することですが、渡邊公平先生の教えは、あらゆる物事の解釈に関することであるという違いがありました。〈統一性と多様性〉は何かを作り上げるときに有効で、〈類似性と区別性〉は何かを解釈するときに有効です。

三位一体論的思考法はあらゆる対象に有効ですが、一例として渡邊先生が論文「『宗教と歴史』問題の解釈者（実存主義神学の方法論を前にして）[1]」で教えている要点を挙げておきます。聖書崇拝者は聖書の啓示性にのみ集中して、その歴史性を見落としがちです。他方、ブルトマンは聖書（ヨハネ福音書）の歴史性（ヘレニズム性）のみを見て、その超歴史性つまり啓示であることを忘れています。正しい聖書解釈は、聖書の歴史性と啓示性の両方を見るところに成立します。だから、聖書記者の属した文化との類似性だけでなく、その文化との相異に注目することが必要です。神は、ある文化の中に生きている人を用いて啓示をお与えになるので、確かに聖書各巻の記述にはその文化との類似点があるのですが、聖書は神が記者に聖霊の導きを与えて書かせた啓示の書ですから、その文化と異質な点があります。同様に、創世記の創造記事や大洪水の記事を古代バビロンの神話との類似性からのみ解釈したり、創世記の創造記事を古代カナンの宗教の枠にはめ込んで解釈しようとする学者や、パウロを一世紀のユダヤ教との類似性の観点のみから解釈する学者は正しく聖書を解釈できません。[2]

歴史意識

神学校で学んだことはいずれも意味あることでしたが、私にとって特に有意義だったのは「歴史」という意識でした。丸山忠孝校長から情熱に満ちた教会史の授業を三年間にわたって教えていただいたのです。そのことを通して、私は二つのことを得ました。

第一は、二千年間のキリスト教会の先輩たちが、さまざまな時代背景の中でどのようにみことばに聴き、宣教と教会形成の戦いをしてきたのかを具体的に学んだことが、自分が伝道者として歴史の中に教会を建て上げる働きをしていくための喜びとエネルギーをもたらしました。教会史においては、その当時成功に見えたことが後世から見ると失敗であったり、またその逆もしばしばあります。歴史を学ぶことによって、目先の「成功」「失敗」に振り回されず、真理のみことばを揺るぐことなく語り続けることが自分のなすべきことなのだという確信が深められました。丸山先生はそれを「みことば楽観主義」と呼ばれました。

第二は「聖なる公同の教会」ということです。卒業を間近にしたころ、数名の同級生たちと「丸山先生は、結局、何を教えたかったのだろう?」と話し合ったことがありました。丸山先生は講義において、二千年間の教会の歩みを具体的かつ詳細に説かれましたが、それぞれの時代の教会に関するご自分の評価を語ることには抑制的でした。先生は長老教会の教師であり、専門は宗教改革史ですから、当然カルヴァンを重んじつつも、我田引水をするようなことはおっしゃらなかったのです。それは歴史家としての構えなのでしょう。ですから、私たちには先生の主張が何であるかは、そう簡単にはわからなかったのです。しかし、三年間の学びを経て、神学生たちは「丸山先生がぼくたちに伝えたかったことは、『聖なる公同の教会』に違いない。」という共通の結論に至りました。私たちが、この神学校を卒業して遣わされて行ってなすべきことは、所属団体は違い場所は違っても、「聖なる公同の教会」の一翼を担うことなのだと一致したのです。

神学生時代に、歴史意識を持つことの重要性を認識するようになったもう一つの理由は、山口陽一君（現東京基督教大学学長）に出会ったことによります。彼は、群馬県吾妻の朝陽堂という本屋に生まれた人ですが、朝陽堂は実に関ヶ原の合戦のころから続き、彼は十四代六兵衛にあたり、四代目のクリスチャンで、その存在そのものが歴史という雰囲気の人です。物を語るにあたっては、一つ一つ個別の史料的事実を丹念に積み重ねて、ようやく普遍的なことばとするという人です。哲学畑から出て、ともすると性急に「普遍」を求めがちな私とは正反対の思考の仕方をするのです。山口陽一君との出会いによって、私は地に足をつけて具体的に考えることを教えられました。多様性と統一性の両立は大切なことなのですが、それだけなら観念的な話にとどまってしまいます。事柄が具体的生活の中に着地するには、時を考慮しなければなりません。現状が理想とはほど遠いものであっても、もし方向を誤らず忍耐をもって日々を過ごすならば、ゆっくりであっても理想へと近づくことができます。歴史を意識するとき、私たちは希望に生きることができます。[3]

1　「聖書と教育」日本クリスチャン・カレッヂ、1961・12－1964・1創刊号－4号（1964・1）所収。
2　水草、前掲書、第二章「聖書啓示とその解釈」2「聖書の二性とその解釈」を参照。
3　水草、前掲書、第五章6「被造世界の特徴―統一性と多様性と時間性」(2)「時間性・時の螺旋構造」を参照。

5　「葦原」への志

日本福音土着化祈祷会「葦原」

私は大学二年生の終わりに、日本同盟基督教団土浦めぐみ教会に籍を移しました。朝岡茂牧師は、私に神学教師を目指せばよいのではないかと示唆してくださいました。召しのことばは「あらゆる国の人々を弟子としなさい。」（マタイ28・19）でしたから、そういう道もあるのかなあとも思いつつ、一九八二年春、東京基督神学校（キリ神）での学びが始まりました。一年生の秋に、キリ神の友人たちと同じキャンパスにあったＴＣＣ（東京基督教短期大学）の友人たち数名とともに、毎月曜日夕食後、「日本福音土着化祈祷会『葦原《あしはら》』」を始めました。その名は日本古来の美称「豊葦原瑞穂国《とよあしはらみずほのくに》」にちなんだものです。肩の張った文章で少々気恥ずかしいのですが、趣意書は以下の通りです。

日本福音土着化祈祷会「葦原」趣意書

一九八三年三月七日

天地創造の神は、みこころのままに私共のうちに働かれる神であると知ることは、志を持って何かを為さんとする者にとって、この上ない励ましであります。今私共実に小さな集まりではありますが、日本に於ける福音宣教、とりわけ「農村」と称される地域への宣教のために祈りと学びを行なって行きたいと志し、日本福音土着化祈祷会「葦原」を結成いたしました。

以下、この会の趣意を述べさせていただき、御賛同、御同労を仰ぎたく存じます。

趣意

この会が、特に「農村」宣教に主眼を置きながら、日本福音土着化祈祷会と称するのは、「農村」への取り組みが日本という土壌に福音が根を下ろし結実することを望む上で、欠くことのできない視点であると考えるからです。

「農村」とは、古来、葦原開墾以来の日本の集約農業の中で培われ、さらに幕藩体制下に再編強化された共同体規制が、現在なお精神的かつ因習的に脈々と息づいているような地域と規定します。（この共同体規制は広く日本人の精神構造の「根」となっているのではないでしょうか）かかる意味において「農村」とは産業構造と精神構造のあいまった文化の問題であると言えましょう。

明治期以来、教会はこの「農村」への宣教の再三の試みにも拘わらず浸透しきれないまま、むしろ、そこから離れるということで生き延びてきたのではないでしょうか。特に戦後の高度経済成長期を通して、人口が都市に集中してきたのに伴い、教会の「農村」離れも著しくなって来たと思われます。

しかしながら、「農村」を離れ、信徒数を獲得しやすいところで形成された教会は、伝統的な日本の社会の中にあって、孤立とまでは言わないまでも不自然な隔たりを作り出しているのではないでしょうか。

それればかりか、世の能率主義は教会内部をもむしばみ、会員数が教会の評価の最大基準とされるような風潮なきにしもあらずです。こうした状況下で「すべての造られたもの」を目指すべき教会の福音宣教への目は「農村」への幻を見失ってきているのではないかと案ずるものです。あるいは世界宣教の視野の必要が叫ばれ、海外への宣教師が多くの祈りに支えられて、益々その働きを広げようとしているなかで、一方「農村」への宣教は忘れられて行くばかりではないか……そんな懸念をも覚えずにはおられません。

私共の試みは、「都市」中心の宣教論のみ横行する現状に対する小さなアンチテーゼでありますが、これは聖なる公同教会の形成の一端をになう日本の教会の宣教のために決して無意味なことではないと信じます。

私共福音宣教の業に召された者として、日本に於けるより望ましい姿での福音の土着を考え、「農村」宣教への祈祷の同労者となりたく願うものです。

日本福音土着化祈祷会「葦原」一同

大学生時代に故郷神戸の教会から同盟基督教団に転じた理由の一つは、神戸には多くの教会があるけれど、自分は未伝道地域に福音を伝えたいという思いがあったことでした。同盟基督教団は、「フランソン・スピリット」といって、未伝地伝道を大切にしてきた団体だと聞きました。フレデリック・フランソンは一八五二年、スウェーデンに生まれ、敬虔主義運動の指導者であった母のもとに育ち、その後、家族で

フレデリック・フランソン

15人の宣教師たち

米国に開拓移民として移住しました。フランソンは一八七二年に明確な回心をして、その後ドワイト・ムーディ、ジョージ・ミュラー、ハドソン・テーラーの影響を受け、自ら宣教師として活動するとともに、非常に多くの宣教師を世界に送り出す活動をしました。日本には一八九一年と九四年に来ています。フランソンは自分の目が青いうちに、主の再臨が来ると信じて宣教に励んだのです。

フランソンに派遣されて、一八九一年（明治二十四年）にスカンヂナビアン・アライアンス・ミッション（SAM）の宣教師たち十五人が横浜本牧埠頭に上陸しました。当時、都市部にはすでに主要教派の宣教師が入っていましたが、SAMの宣教師たちは未伝道地に福音を伝えようとしました。そこで飛騨、伊豆の離島、西千葉から伝道を始めました。戦後は都市伝道に注力するようになりましたが、そういう歴史があるので、同盟基督教団には地方伝道を軽んじないという気風が今もあります。

祈祷会「葦原」は、田舎の教会の牧師と連絡を取り、祈祷課題を寄せていただき、毎週月曜の夕食後、ともに祈るという地味な活動でした。また、卒論を早めに提出し終わったので、葦原の

S.R.ブラウン
明治学院歴史資料館所蔵

同志だった山口陽一君と私は、能登の珠洲の小さな教会を「自主修学旅行」で訪ねました。珠洲は本願寺のお膝もとで、住民の人生の目標は立派な仏間を持つ家を建てることであるというような町でしたが、インマヌエル綜合伝道団の小さな教会がありました。そこでは高齢と若年の女性伝道者二人がおられて、涼やかな笑顔で「私たちは珠洲の町の地域の全戸を訪問して、二度福音を伝えました。」と話されました。

「葦原」の祈り会で折々朗読され、私たちが奮い立たせられたのは、幕末、開国後まもなく来日した S・R・ブラウンが故国の友人宛にしたためた書簡の一節でした。

わたしは、しばしば、独りごとに、いや仲間にも言っているのですが、この日本国がキリスト教国となったら、どんなにすばらしいだろう、と。この国民に福音の喜ばしい感化を与えることができるよう、神は力をあらわしてくださるでしょう。もしそうなれば、日本を地上の楽園とすることも不可能ではありません。この美しい谷や野原、山腹、農家、村落、町村、都市、全国どこにでもきかれる「南無阿弥陀仏」という祈祷が「なんじ、高きにいます神よ」または、「天にましますわれらの父よ、み名をあがめさせたまえ」という祈りに変わる時代は現に来つつあるのです。その時「日出づる国」(日本の意味)は、ひれふして「爾名《みな》は異邦人の間に高くかかげられん」となります。これは単なる叙事詩でなく、事実であることは、あなたもわたしも、本国の諸教会も信じていることです。主はそう言いたもうたように、もうそうなりつつあるのです。どうしてこのような事が起こらないといえましょうか。

(一八六二年(文久二年)十一月八日　フィリップ・ペルツ宛て)[1]

神学教師への備え

東京基督神学校最終学年の夏、たしか数名の同級生が一人ずつ小畑進先生に呼ばれました。小畑先生は神学校の最重鎮で、神学生たちは先生のことを陰で「無冠の帝王」と呼んでいました。神学生たちも先生方も、小畑先生の古今東西の思想に通じる深い教養、説教、講義、論文に触れて、先生の牧師・神学者・思想家としての実力に比肩できる者はいないと感じていましたが、先生は博士号を持っていらっしゃらなかったからです。小畑先生は、卒業後、練馬の開拓教会で宣教師と共に働こうとしている私に、「水草さんのような人は、理不尽な役員がいる古い教会に行って、思い通りにならない経験をするのがいいのですがね。」とまずおっしゃいました。そして「数年牧会経験をしたら、留学するなりして学びを続け、母校で教鞭をとる備えをするように。」とおっしゃいました。私は、「神学の学びは続けますが、牧会の現場を離れて学ぶつもりはありません。」と応えました。当時の私は、小畑先生をはじめ教会の現場に心血を注ぎつつ神学に取り組んでこられた先生方に「本物の神学」を感じていたからです。アウグスティヌスもルターもカルヴァンも現場の牧師だったではないかと思いました。特に観念的傾向の強い私のような人間の場合、現場から離れては本物の神学はできないだろうと感じていたのです。もっとも、六十代半ばの今となっては、もし若い日に留学経験していたとしたら、それもまた意味あることだったろうなあと感じてもいますが。

卒業後、私は宣教師が開拓している練馬の教会に赴任し、宣教師と交代で主日説教を担当しつつ、二年目から牧会のかたわら都立大大学院でアウグスティヌスを読みました。パスカルもルターもカルヴァンもアウグスティヌスを重んじましたから、そのアウグスティヌスを知りたくて、神学校の卒論では彼の『自由意志論』を扱ったからです。都立大大学院では、不思議に私の在学中、アウグスティヌス『三位一体論』、トマス・アクィナス『神学大全』、ヨハネ福音書の原典講読のゼミがあって、「これじゃあ神学部みたいだよ」とぼやいている院生もいました。特に修士論文のご指導をいただいた加藤信朗教授のアウグスティヌス『三位一体論』ゼミは、他大学の教授や助教授たちも参加されるものでした。修辞学者であったアウグスティヌスの文章は加藤先生によれば「横綱級」なのだそうで、初等ラテン語文法書で独習しただけで「序の口」の私には歯が立ちませんでしたが、聖書知識の面では少しゼミに貢献できました。大学院の学びは、ソクラテスではありませんが、私にとっては「無知の知」の経験でした。

しかし、哲学研究室の日々は、キリストの福音の伝道者とされたことのありがたさを実感するときでもありました。あるの日ゼミの最中、「私たちは税金を使ってなぜこんな役に立たない学問をしているのだろうか?」という哲学論議が持ち上がったことがありました。特に東京都民は奨学金を受ければ、ほとんどお金がなくても研究できる環境でした。帰宅の途上、彼らの論議を思い起こしながら、『自分は罪と死の絶望の淵にいる人々に、永遠のいのちの希望を与える福音を託されている。なんと幸いなことだろうか。』と思ったのでした。それにしても農村伝道と神学教師と、神様はいったい自分をどのように用いようとしておられるのだろうかと、当時、私はいぶかしく思っていました。

1　『S・R・ブラウン書簡　幕末明治初期宣教記録』（高谷道男編訳、日本基督教団出版局、1965年）115〜116頁

6　宣教師スピリットと福音の核心

ライフライン

一九八五年、私は神学校を卒業し日本同盟基督教団の補教師となって、東京都練馬区の大泉聖書教会に派遣されました。この教会はＴＥＡＭ宣教師モーリス＆ベティ・ジェイコブセン夫妻が開拓した群れでした。宣教師が主任で四年間、宣教師が去って同盟基督教団加入後は私が主任となって五年間、合計九年間仕えました。振り返れば、私は宣教師ご夫妻から開拓伝道者の生き方を学んだのです。それは、「なんでも自分でやる」訓練でした。私が育った土浦めぐみ教会は大学を卒業するころには百二十名に迫る群れで信徒たちの役割分担がされていました。大きな群れにいると、担当する奉仕も限られていましたが、開拓まもない小さな群れに仕えてみると、宣教師は大工仕事も庭仕事もＦＦ式ストーブの設置も、何でも自分でするのです。

ある日、モーリス先生がおっしゃいました。「屋根の上のアンテナが倒れました。四方から引っ張って支えているワイヤーの北側の二本が雪の重みで切れたんです。修理しなければなりません。」そして細い白いビニール紐を取り出して、「水草先生は私よりも軽いから、このライフラインを腰につけてください。バランスを崩さないように、私が紐のこちらの端を持っています。」とおっしゃるのです。当時、私は身長176センチで体重が57キロでした。恐る恐るベランダから二階の屋根に掛けられた梯子を登って、傾いてしまったアンテナを立て直し、ワイヤーをかけ直しました。先生はライフラインの端をしっかり持っておられました。細くて頼りないライフライン（命綱）でした。また、秋になると会堂裏にある柿の木の実をもぐ作業があり、このときも私が登りました。「大丈夫、もっと上に！　もっと上に！」と励まされて、収穫したたくさんの実を小分けにして、教会の兄弟姉妹に分かちました。渋柿でしたが、ベティ先生はそれを上手にリンゴで渋抜きして、美味しいパイを作っていました。

モーリス＆ベティ・ジェイコブセン宣教師夫妻

教会形成においては、協力して事を為すのが大切で、「なんでも自分でする」のが良いことではないのは事実でしょう。けれども、開拓伝道では、まずは伝道者自身が喜んで進んで何にでもチャレンジしなければ、事は進みません。お金もありませんし。

宣教師と共に働いた四年間の交わりは楽しいものでした。けれども、私は将来神学教師になる備えとして机の前で過ごす時間が多く、ジェイコブセン宣教師ご夫妻から見れば、教会に対する貢献が物足りなく感じていらしただろうと、今にして申し訳なく思います。

モーリス・ジェイコブセン宣教師

カナダ人宣教師モーリス・ジェイコブセン先生は、ある日、ご自分が過去どのような伝道者生涯を歩んでこられたかを話してくださいました。

「プレイリー聖書学院時代、私は『日本にだけは行きたくありません。あの漢字は無理です』と祈りました。でも、主は私を日本に導かれました。昭和二十二年、私が日本に着任したときには、横浜も東京も一面焼け野が原でした。私たちはただちに軽井沢日本語学校に入れられました。若い宣教師たちはウィークデーには日本語と格闘し、土日はトラックに天幕を積んで長野県中のありとあらゆる町や村に行き、広場を見つけて天幕集会をしたのです。当時、どこで天幕集会をしても満杯になりました。私たちは信仰決心をした人たちに、千曲川で次々に洗礼を授けたのです。」

ことばを継いで先生はおっしゃいました。

「でも、戦後の混乱期が過ぎると、人々は潮が引くように教会からいなくなりました。私たち若い宣教師たちは、ただキリストの十字架の福音を伝えればそれで良いと思っていて、教会形成とは何かということを学んでいなかったからです。もし私たちがあの頃ちゃんと教会形成を学んでいたら、現在日本の宣教地図は変わっていたでしょう。それを思うと、残念でなりません。」

また、おっしゃいました。

「長野県はとても霊的な岩盤の固い所で、たくさん天幕集会をしましたが、実りを見ることができず、私たちは失望して富山に転じました。でも、そこも仏教の地盤が強くて、実りを得ることができませんでした。私たちは、さらに新潟に行ってようやく実りを得ることができ、柏崎聖書学院（現・新潟聖書学院）を設立することもできたのです。」

この話を伺ったとき、まさか後年、自分が戦後来日した宣教師たちを失望させた霊的岩盤の堅固な信州で開拓伝道をするようになるとは思いも寄りませんでした。

「イエス様の十字架。痛い痛い。」

大泉聖書教会で私は小林龍司君という自閉症の少年と出会いました。彼のお母さんとおばあちゃんは、近所に住んでおられた羽鳥明先生の家庭集会で救われて教会に導かれた、素直な信仰をもったクリスチャンでした。龍司君は教会学校の時間いつも会堂の中を歩き回っていて、まるで会話が成り立ちませんでした。お母さんは「龍司は『最果ての異邦人』です」と話しました。

さて、たしか彼が五年生になったころ、ある主日の教会学校でのことです。教会学校の先生が講壇でイエス様の十字架が描かれた絵本を見せながらお話をしていると、突然、龍司君が礼拝堂の後ろからすたすたと歩いてきて、両手を組んで「イエス様の十字架。痛い痛い。ごめんなさい。」「イエス様の十字架。痛い痛い。ごめんなさい。」と言うのです。驚きました。以来、龍司君は毎主日、十字架のイエス様の絵を描いては、「イエス様の十字架。痛い痛い。ごめんなさい。」と祈るようになりました。会話がまるで成り立たない龍司君でしたが、不思議にイエス様の十字架はわかったのです。聖霊様が、彼の心に住んでくださったからです。私は、龍司君が中学二年生になると、いくつかの暗唱聖句で準備をして、洗礼を授けました。

龍司君との出会いから二つのことを教えられました。第一は、たとい「外なる人（肉体とたましい）」には障害があったとしても、主は「内なる人（霊）」に新しいいのちを与えてくださるのだということです。パウロは第二コリント4章16節で、「たとえ私たちの外なる人は衰えても、内なる人は日々新たにされています。」と言いました。老化によって衰えるのは、肉体だけではありません。認知力は衰え、感情は鈍くなり、意志の力も弱まります。知・情・意という、たましい（希：プシュケーpsyche）の機能は衰えますから、たましいは外なる人に属するのです。心理学（サイコロジー：psychology）とはプシュケー学です。しかし、聖霊を受けた人は、外なる人（肉体とたましい）が衰えても、内なる人（霊）は日々新たにされているのです。龍司君は先天的にたましい（プシュケー）に障害を負っていましたが、彼の人格の最深部である霊（希：プネウマ）

は聖霊によって日々新たにされていたのです[1]。

第二に、包括的福音理解も大事でしょうが、やはり福音の核心は「イエス様の十字架。痛い痛い。ごめんなさい。」だということです。私は、二十歳前、回心後まもなく増永牧師が貸してくださった岡田稔著『カルヴィニズム概論』から有神論的世界観を学び、大学時代にもフランシス・シェーファーやヘルマン・ドーイウェルトからキリスト教世界観を学びました。世界は神の栄光が現わされるための舞台であり、キリスト者のおもな目的は、生活の全領域で神の栄光を現わすことですから、神に栄光を帰する文化形成は確かに大事なことです。しかし、神と人との間に平和をもたらし、滅びゆく人を永遠のいのちに導く福音の核心は何かと言えば、やはり「イエス様の十字架。痛い痛い。ごめんなさい。」つまり、キリストの代償的贖罪とそれを根拠とする信仰義認なのだということを、神は龍司君との出会いを通して私のうちに刻んでくださったのです。キリスト者としての聖化も大切なことですが、まずは「十字架のことば」によって神の前に義と認められ、神との関係が正常化しなければ、聖化も生活の全領域で神の栄光を現わす歩みも始まりません。小学生の龍司君がクレヨンで描いた十字架のキリストの絵は、今も牧師の書斎に飾ってあります。

先日、龍司君の洗礼の年月日を教えていただき、掲載の許可をいただくために久しぶりに、お

母さんの小林慶子さんに連絡を差し上げたら、お返事をいただきました。


　ご無沙汰しております。帰宅して留守電にビックリ！　何事かと早速パソコンを開きました。懐かしい日々が次々と思い浮かびました。龍司のことをそんな風にお心にとめていて下さることを知り感激です!!　どうぞ名前を出してくださって構いません。

龍司が洗礼を授けていただいたのは、1991年2月24日、長野に引っ越す前、中学2年の時でした。

　龍司は今でも毎日少しずつ聖書を書き写しており、時々ノートに「イエス様、あなたを信じています。」とか「十字架の道、十字架を運んでいます。」とか「イエス様救いの君　イエス様の十字架」「我が主イエス様の十字架、そして復活」「我が主イエス、キリストを信じています。」などと書いてあるので、そんな時はそこにも丸を付けるのですが、はじめは本当にびっくりしました。

　教会での賛美やメッセージがいつの間にか心に残っているのかなーと思います。必要なことを聖霊様が教えて下さっているのかなーとも。本当にありがたいことです。聖書の絵本もイエス様の十字架の所ばかりをじっと見ていました。それは今も変わりません。龍司は今年の5月で46歳になります。

1　水草、前掲書、第九章「人間の構成―外なる人、内なる人」を参照。

7　もものつがいを打たれて

いかにも未熟な……

神学校二年生のとき私は練馬区の大泉聖書教会というモーリス＆ベティ・ジェイコブセン宣教師夫妻が開拓した教会に奉仕神学生として出かけていました。そのことがあって、ジェイコブセン宣教師から教団理事会に話が行き、私は神学校卒業後、その教会に遣わされました。着任した私はカルヴァンがみことばの説教によってジュネーブの改革を推し進めたことを胸に、説教に注力し、恵みの福音を語り、かつ聖徒の生き方を伝えました。ですが今にして思えば、私の働きには大きな欠けがありました。一つは説教には心血を注ぎ、大学院での学びのために週二日は半徹夜をしていましたが、牧会的対話や地域伝道のためには十分に時間を割かなかったことです。神学生のとき、「乏しい説教と、良い牧会」よりも「良い説教と、乏しい牧会」を教会のメンバーは望んでいるのだと教わりました。それは事実だと今でも思うので説教の手抜きはしませんが、やはり「良い説教と、良い牧会」があるべき姿であるのは言わずもがなです。

もう一つは、恩師である朝岡茂牧師を模範としたことに無理があったのだと思います。朝岡先生は、ときには雷を落としましたが、同時にとても優しい親分肌の大きな器の牧会者でした。逆立ちしても親分肌には成れない私が先生に倣わなければならないと思い込んで、柄にもなくときには不敬虔な言動をする兄弟を厳しく叱ることがありました。「神の栄光のため」と信じての言動ではあっても、不必要に兄弟を傷つけたこともあったと思います。パウロが「私がキリストに倣う者であるように、あなたがたも私に倣う者でありなさい。」（Ⅰコリント11・1）と言ったとはいえ、私は私の器なりにキリストに倣って忠実に奉仕すれば良いのだとわかったのは後年のことです。

嵐

さて、赴任当初、大泉聖書教会は二十人ほどでしたが、すでに宣教師の指導のもとで70坪の土地付きの中古の民家を宣教団から借金をして坪単価70万円で取得し、改造して会堂として用いていました。小さな群れにとって月額40万円の会堂返済は重すぎたのですが、その半分は宣教師夫妻が身を粉にして英語教室をして賄ってくださっていました。無理があったとはいえ、バブルが膨らんでその後数年で地価が坪単価３００万円に高騰したことを思えば、宣教師には先見の明があったと言うべきでしょう。むろん私たち若い牧師家庭の家計は非常に厳しかったのですが、それは後年、田舎での開拓伝道に立つための訓練になりました。

　三年目の秋、問題が持ち上がりました。ジェイコブセン先生が教えている東京基督教短大（TCC）が千葉に移転して大学となるために、博士号を持つ先生も移動しなければならなくなったのです。先生は会堂取得のため借金をしている宣教団に返済期間延長の交渉をしていましたが、ぬか喜びさせてはならないので、返事が来るまで信徒にそのことは伏せていました。ところが宣教師が教会を去るという情報だけが信徒に漏れてしまったため、会堂返済の多くの部分を宣教師に依存していた教会は大騒ぎになりました。そして、借金を残して去ろうとする宣教師と未熟な牧師への非難の嵐が起こりました。宣教師が去るのを止められない以上、会堂返済と牧師家族の生活を支えることの両方は無理だから、牧師には出て行ってもらおうと信徒たちは考えたのです。しかし、本音のところは話しにくかったのでしょう、役員は宣教師には牧師に問題があると告げ、私には宣教師に問題があると告げたものですから、宣教師と牧師の間で事態の理解にくいちがいが生じました。十二月初旬、宣教師夫妻は心配しつつ宣教報告のため二か月間帰国しました。クリスマスの前後、私は迷っていました。ここを去って神学を研鑽する道に進むべきかとも考えました。しかし、もし無牧にしたなら、この群は早晩壊れてしまうだろうと思われました。羊を置き去りにするのは牧者でなく雇人にすぎないと思い（ヨハネ10・12参照）、私の欠けについての非難は甘んじて受けて、副業を持ってでもこの教会に踏みとどまろうと決めました。

年末に一度めまいがしましたが気にも留めず、年が明けました。新年の主日礼拝の午後、おしるこ会をして、休んだ方の訪問をしました。翌月曜日はある集会に参加するつもりだったのですが、朝になると鉄臭く真っ黒な下血があってフラフラするので、長男をおなかに宿した妻に付き添ってもらって堀ノ内病院に行ってみました。医師の診断は「九分九厘、十二指腸潰瘍です。血液検査をしてから帰ってください。」とのことでした。それでベンチに腰かけて血液検査を待っていたのですが、名前を呼ばれて立ち上がろうとすると、前のめりに昏倒して診察台に載せられました。黒い渦に吸い込まれるような感覚の中で、「神様、私の霊を御手にゆだねます。」と祈った後、「ああ、しかし、これから子どもが生まれようとしておりますので責任があります。しばらくご猶予ください。」と祈り直しました。意識が戻ると、医師は「赤血球値が正常値の三分の一なので、出血点を見つけなければならない。」と言いました。緊急に上から下から内視鏡を突っ込まれましたが、下剤をかけていないので出血点が見つかりません。妻は教団事務所に連絡して、全国の同労者に祈っていただきました。翌朝下剤をかけてもう一度内視鏡を入れたところ、結局、十二指腸潰瘍が癒された痕跡が見つかっただけでした。神様の癒やしだったのでしょう。ですが、医師から「あなたは無茶をしそうだから一週間は入院するように。」と言われてしまいました。

病院のベッドの上で、この三年間を振り返りました。不思議なもので、病に倒れると、四人の友だちに運ばれ屋根から吊り降ろされた中風の男のように、罪を意識するものです。「ぼくはこの三年間、一体何をしてきたのだろうか？　神の栄光のためにと一生懸命にしてきたことはすべて間違いであり、すべて罪でしかなかったのか」と。そんな状況でしたが、付添婦をしてくださった青森からの出稼ぎのおばちゃんに福音を伝えたら、信じ受け入れてくれたので、自分の伝道者としての召しを再確認しました。

入院中の主日礼拝では、役員さんに「私の喜び、私の冠よ。」と教会に語りかけるピリピ書の朗読をしてくださるように依頼しました。退院後は再び説教壇に立ち、変わることなく聖書に忠実にみことばを説きました。兄弟姉妹とともに礼拝を数度重ねるうちに、教会は落ち着きを取り戻していきました。二月になり宣教師が母国から戻って来られて数日後、一人の姉妹が宣教師のもとに多額の献金を持参されました。先に病床で回心して天に召された夫君の遺産がようやく整理できたので、一部教会のために用いてくださいとのことでした。

三月半ば、私は天城山荘で行なわれた教団総会で正教師按手を受けましたが、その間、ジェイコブセン宣教師に信徒懇談会を開いていただいて、今後の私の人事について話してもらいました。信徒会では会堂返済期間は倍に延長され返済月額は半分になることと、まとまった献金があったこと、水草牧師はアルバイトしてでも教会にお仕えする準備があることを話すと、嵐は静まりました。ジェイコブセン宣教師は牧師留任について悲観的な見通しを持っておられたので、この結果を意外だと感じられたようです。

この出来事からの教訓の一つは、教会は荒野のイスラエルのように「パンの問題」で揺れるものだから、経済問題で不安を与えないように配慮しなければならないということです。そして一つ良かったかなと思うのは、いかなる状況にあっても変わることなく聖書に忠実に説教壇から恵みのみことばを語り続けたことです。

もものつがいを打たれて

伝道者である私に対する神のお取扱いの意味がわかったのは、その年の待降節です。クリスマスを前に、本棚に積読《つんどく》になっていたウォッチマン・ニー著『アブラハム、イサク、ヤコブの神』[1]を読んだのです。それは大学時代に先輩に紹介されて買ったままになっていたものでした。

生まれたときに兄エサウのかかとをつかんで生まれてきたヤコブは、我が強く有能な男でした。兄を出し抜いて長子の権を得たり、父をだまして祝福を奪ったり、逃亡先のハランでは強欲な叔父ラバンを出し抜いたほどです。自分の知恵と才覚で人に勝ってきたヤコブです。数十年ぶりの兄エサウとの再会にあたっても、手練手管《てれんてくだ》を尽くしてヤコブはご機嫌をとって難を逃れようとしました。しかし、今回はどんなに人間的工夫をこらしても恐れは去りません。そこで、ヤコブはヤボクの渡し場で、夜、主の前に独りになりました。主はヤコブと相撲を取って、勝てないとみると、もものつがいを打たれました（創世記32・22－32）。ついにヤコブはくずおれましたが、それでもすがりつくヤコブに、主は「イスラエル」という名をお与えになりました。

　もものつがいとは、体のつがいのなかで最も強いところです。神はヤコブの最も強いところを打たれたのです。ヤコブの上に太陽が上りました。彼は足を引きずっています。神の人は、その最も強いところを神に打たれて自信を失わなければなりません。ひとたび神に打たれると、彼は生涯足を引きずり、何をしていても自信がなく、一歩進むごとに「神様、大丈夫でしょうか？これはみこころにかなっていますか？」と尋ねながら生きるようになります。しかし、神に打たれた当座は、果たして自分の身に何が起こったのか理解することができず、後になって「ああ、あれは神が私を打たれたのだ」とわかるのです。ウォッチマン・ニーはこのようなことを書いていました。またウォッチマン・ニーは、「善悪を論じることは世の人に任せておけばよい。主のしもべは、自分の十字架を負って主イエスに従って行けばよいのだ。」とも書いていました。

　私は「ああ、神は、あの時、私のもものつがいを打たれたのだ」とわかりました。頭でっかちの私は、赴任以来さまざまのことを聖書に照らして「これは正しい」「これは間違いだ」と判断してきました。正しいことは大事なことですが、正しければそれで良いというものではないことを学びました（伝道7・16参照）。神に仕える人は、その一番強いところを神に打たれて砕かれ決定的に自信を失い、いつも「これはみこころにかなっているでしょうか？」と問いながら自分の十字架を負って、主の後ろを歩む者とならなければ神のお役には立たないことを知りました。[2] エデンの園には、いのちの木と善悪の知識の木がありました。アダムは善悪の知識の実を取って食べて「死」をもって報いられました。「いのち」は善悪を論じる道にはなく、服従の道にあるのです。[3]
　朝岡茂先生のもとで学んだキリストの兵士としての覚悟、宮村武夫先生のもとで知った存在の喜びと並んで、神にもものつがいを打ち砕かれた経験は、私にとってその後の伝道者としての歩みのためにどうしても必要なレッスンだったのだと思います。神は摂理のうちに試練をもってご自分の愛する子をキリストの似姿へと変えていかれるのです。[4] 若い日に試練に遭って砕かれたことは幸いなことでした。

主の救いを
静まって待ち望むのは良い。
人が、若いときに、
くびきを負うのは良い。
それを負わされたなら、
ひとり静まって座っていよ。
口を土のちりにつけよ。

もしかすると希望があるかもしれない。
自分を打つ者には頬を向け、
十分に恥辱を受けよ。

主は、
いつまでも見放してはおられない。
主は、たとえ悲しみを与えたとしても、
その豊かな恵みによって、人をあわれまれる。
主が人の子らを、
意味もなく、苦しめ悩ませることはない。
（哀歌3・26－33）

1　日本福音書房訳、日本福音書房、1978年
2　水草、前掲書、第九章「人間の構成―外なる人、内なる人」4「人間の個性と聖霊の働き」を参照。
3　水草、前掲書、第十章「罪と悪魔と悲惨」1「善悪の知識の木―罪の本質とは」を参照。
4　水草、前掲書、第七章「摂理（配慮）」5「摂理と聖化」を参照。

II

「葦原」にて

1　旅立ち

「葦原」への志と三つの問い

共に四年間大泉聖書教会に仕えた宣教師夫妻が千葉に移られて、私が主任牧師となり、教会は日本同盟基督教団に加入しました。宣教師が去ると、えてして「宣教師ファン」は教会から離れがちなものだと聞いていましたが、大泉聖書教会で離れる人は一人もいませんでした。ジェイコブセン宣教師ご夫妻が、自分たちの教会でなく主の教会を建て上げるために労された本物の伝道牧会者であったことの証だと思います。主イエスは言いました。「わたしはこの岩の上に、わたしの教会を建てます。」（マタイ16・18）

練馬区の隣、板橋区では「葦原」の同志、山口陽一牧師が日本同盟基督教団徳丸町キリスト教会に仕えていて、数年間、私たちは互いに行き来してカルヴァンの『キリスト教綱要』の読書会をしていました。また彼は、大学院の学びを終えた私が学び続けるために配慮して、一九九〇年度、徳丸町の主日夕礼拝で月一回教理説教をするように依頼してくれました。その原稿をまとめた水色の小冊子が初版『神を愛するための神学講座』です。翌一九九一年四月、山口牧師は故郷群馬県吾妻町（現・東吾妻町）の母教会が無牧となる危機にあるのを見て、徳丸町キリスト教会と日本同盟基督教団を辞して故郷の教会の建て直しのために発ちました。「葦原」への旅立ちだなあと思いました。以来、山口師から「吾妻通信」が毎月届きました。また、毎年梅雨に入ると「庭の梅をもぎにおいで」と電話をくれたので、家族で吾妻町まで出かけて楽しい時を持ちました。あまりに楽しみで、気合を入れて早めに出発したら午前6時半に到着してしまって、呆れられたこともありました。

　宣教師が去った後も、教会には少しずつ受洗者が与えられていました。しかし、しばらくすると私は「自分は主の召しに十分に答えているだろうか？」と自問するようになりました。神学校卒業後、春と秋に福音土着化研究会「葦原」を友人たちと開いていましたが、研究だけなら机上の空論です。そのとき、神学生時代に宮村武夫先生から教わった〈人生の岐路における三つの問い〉を思い出しました。第一の問いは、「君が救われてキリストのからだに招き入れられた以上、必ず、君にも主のためにできることがある。だから、まず『私にもできることは何か？』と問うてみなさい。」第二に「キリストのからだは多様性に満ちている。だから、『私にしかできないことは何だろうか？』と問うてみなさい。」そして第三に「人間は歴史的存在、つまり、年をとっていく者であるから、『十年経ったらできなくなるだろうが、今ならできることは何か？』と問うてみなさい。」神の摂理の統一性と多様性と歴史性[1]を踏まえた三つの問いです。

そこで私は、この三つの問いを自分に適用してみました。第一に、練馬での牧会伝道を続けることは確かに私にもできることでしたが、私よりももっとできる伝道者がいるだろうとも思われました。第二に、都会育ちの自分に何ができるかわからないけれども、志す人がほとんどいない農村伝道をしたいと思っているという点では、これは私にしかできないことであろうと思われました。第三に、開拓伝道に実際に携わった先輩に聞けば、開拓伝道には気力・体力・精神力が必要だとのことでした。私は、自分の人生の気力・体力・精神力の最も充実した時期を、農村伝道の働きにささげたいと願いました。また当時、私たち夫婦には未就学の男児が一人だけいましたが、十年経てば家族への責任は重くなって開拓に出るのは難しくなるでしょう。そこで私は「福音が聞けない場所、たとい聞くことができても通う教会がない地域に私を遣わしてください。」と祈り始めました。

祈り始めて三年目の一九九三年夏、長野県の松原湖バイブルキャンプで高校生アウトキャンプの奉仕をすることになりました。私は「高校生たちを救いに導き、伝道献身者を募ると同時に、私の今後の進路に主の導きがあるように。」と祈ってキャンプに参加しました。キャンプは祝福され、高校生たちがみな悔い改めてイエス様を信じたばかりか、キャンプリーダーたちも含め数名が献身を表明しました。

キャンプが終わったとき、キャンプ主事で「葦原」の仲間であった篠田真宏師が八ヶ岳山腹の見晴らしの良い所に連れて行ってくれました。彼は「お互いビジョンを語り合おう」と言うのです。そこで私は、「どこか田舎の未伝道地に福音を伝えたいという重荷と、神学教育の重荷があり、祈っている。」と話しました。すると彼は、こともなげに「この南佐久郡には一つも教会がないから、ここでやればいい。松原湖バイブルキャンプでは地域の子どもたちが教会学校に来るようになっている。神学教育ということについては、フランシス・シェーファーのラブリのような働きができればとも考えている。」と答えました。祈りに対する主の答えだと思いましたが、不安はありました。

しかし、翌早朝4時すぎに目が覚めたとき、「主はその御目をもって、あまねく全地を見渡し、その心がご自分と全く一つになっている人々に御力をあらわしてくださるのです。」（Ⅱ歴代誌16・9　新改訳第三版）というみことばが与えられました。自分に何の力もなくても、これが主の御心であるならば、主が御力をあらわしてくださるに違いないと信じました。その夏のキャンプのテーマ賛美は「ここに私がおります」でした。

'93松原湖小学生キャンプテーマソング
(3)ここに私《わたし》がおります(イザヤ6:8)
作詞・作曲　土井康司
かみさまはいつも さがしておられる
イエスさまのことを つたえるひとを
ぼくたちはいつも あいされてるから
イエスさまのために どこまでもゆこう
ここにわたしがおります
わたしをつかわしてください

♪神様はいつもさがしておられる
イエス様のことを伝える人を
ぼくたちはいつも愛されてるから
イエス様のために　どこまでも行こう
ここに私がおります
私を遣わしてください♪

松原湖バイブルキャンプと地域伝道

ここで少し太平洋戦争後の松原湖バイブルキャンプと地域伝道について触れておきます。戦後、宣教師たちが大挙して来日し、全国的にキリスト教ブームとなりました。南佐久郡小海《こうみ》町でも昭和電工跡地（現在の小海中学校）で、後には消防団の小屋で、宣教師によって集会が開かれました。そこに就学前の二枝《つぎえ》姉、悦子姉（ともに後の小海キリスト教会会員）も参加したそうです。その働きの後を受けるように、この地で福音を証ししたのは、ジョン・ショーン宣教師が始めた松原湖バイブルキャンプでした。まだ定期集会が開かれていなかった時代でしたが、ショーン師はキャンプ施設建設にかかわるなかでイエス様を信じた四名の大工さんに洗礼を授けたそうです。

一九六三年、川嶋賢廣師・康子師夫妻が教団からキャンプスタッフとして派遣されると、松原湖バイブルキャンプ教会が始まりました。当時はキャンプ活動が夏に限られていたので、川嶋師ご夫妻は地域の救霊のためにも情熱を燃やされ、キャンプ場でCS・礼拝・クリスマス祝会を開きました。川嶋師は小海町と南北相木村のあちこちに家庭集会・子ども会を開きました。礼拝の出席者は大人と子どもを合わせて五十名近くのこともあって、その時代に十二名の受洗者が与えられたとのことです。ただ、伝道は熱心でしたが当時の福音派の通例で、意図して教会形成がなされることはなかったとのことです。けれども、日曜学校に熱心に集う一人の少年がいました。彼は長じて中学教員になり、小海に家族を連れて戻って来て教会の柱の一人となる啓治さんでした。

一九七七年九月、川嶋牧師は健康を害して長期入院した後、一九七八年には佐久市の野沢福音教会に転任し、すでにキャンプスタッフ兼副牧師として奉仕をしていた近藤秀夫牧師が後任者になりました。この頃から教団の方針として、スタッフはオフシーズンは諸教会を回ってキャンプのPR活動に励むよう求められるようになります。それでも近藤師が退かれた一九八二年の頃は地元信徒で礼拝に集う方が数名いたそうですが、その後キャンプ主事は森田師、三川師、篠田真宏師と移り、一九九四年春、筆者が赴任した時点で松原湖バイブルキャンプ教会の会員はスタッフのみで、オフシーズンには野沢福音教会で主日礼拝をささげていました。このようにバイブルキャンプ教会は一九八〇年代に地域伝道活動を実質的に終えていましたが、松原湖バイブルキャンプは歴代の働き人たちが用いられて、日本同盟基督教団のみならず広く福音派諸教会に仕え、救霊と献身者発掘において多くの実を結んできました。

松原湖バイブルキャンプ教会が地域伝道を再び意識するようになったのは、篠田師がキャンプ主事であった時期です。一つには、第三セクターの町おこし事業として始まった小海リエックスホテルから篠田師に結婚式場チャペル建設について相談があったことによります。当時は「本物志向」ということが言われて、そのチャペルがただの結婚式場でなく、本物の牧師と礼拝者がいる教会になることをホテルが望んでいたので、松原湖バイブルキャンプ教会は、チャペル名称と同じ「松原湖高原教会」と変更しました。篠田師はこのことを通して地域への浸透の手がかりになればと考えたそうです。ただしホテルの商業主義の罠に陥らないために、篠田師は司式時間と金銭の扱いには厳格な基準を立てて協力することにしました。[2] 地域伝道再開のもう一つのきっかけは、一九九二年十二月、キャンプ場で催された子どもクリスマス会に松原地区

松原湖バイブルキャンプ

の子どもたちが集ったので、以後、スタッフはオフシーズンの日曜日には教会学校を開くようになったことです。とはいえ、キャンプの働きと地域伝道の両立は、事実上無理でしたから、地域伝道のために専任の牧師がいればという願いが生じてきました。図らずもそのタイミングで、私は篠田師に、「どこか田舎の、教会がない地に福音を伝えたいと祈っている」と告げたのでした。

ふさわしい助け手

私は松原湖から東京に戻り、妻に決断を告げました。すると妻は「はい。従っていきます。」と答えました。驚かれる読者もいるかと思いますが、妻がそう答えたのには二つの背景があったといいます。一つは、八年前に伊豆・三津シーパラダイスで彼女に結婚のプロポーズをした時の返事です。私は彼女にこう問いました。「もし、ぼくが人生において大きな決断をした時、それが間違っているかもしれないと思っても、君はぼくに従ってくれますか？」彼女はその時、「はい。従っていきます。」と答えたのです。妻は、私から長野県の南佐久郡に開拓伝道に立つという決断を聞いた時、「あの時、『はい』と答えたことについて、今、神様は私を試していらっしゃるのだ」と思ったのだそうです。もう一つは、神学校卒業後、毎年ずっと私が友人たちと研究会「葦原」を続けてきたことです。大泉聖書教会を会場にしたこともありました。ですから妻は、いずれ「その時」が来るだろうと思っていたそうです。

とはいえ、その夏から私の病身の母が神戸から来て一緒に暮らしており、妻のおなかには二番目の子がいましたから不安がないわけではありません。そんな妻に主は詩篇23篇から「まことに、私のいのちの日のかぎり、いつくしみと恵みとが私を追ってくるでしょう。私は、いつまでも、主の家に住まいましょう。」と約束を与えて平安をくださいました。振り返れば、確かに因習の強い地域での開拓伝道は、志を同じくする「ふさわしい助け手」（創世記2・18）がいてくれなければできることではありませんでした。

整理すべきことが三つありました。一つ目は大泉聖書教会の後任者を教団理事会にお願いすることでした。そこで夫婦で当時教団理事長であった吉持章先生のお宅に伺い、南佐久郡伝道の志をお話ししました。吉持先生は私たちの結婚のときの証人をしてくださった方でもありました。先生は「確信があるなら、立てばよい。」と励ましてくださり、先生の趣味で磨き上げた瓢箪をくださいました。瓢箪には「勝ちて法楽　破れて気楽　人生万事執着なければ不落なり」ということばと、「信ずる者は慌てる事がない　イザヤ二十八ノ十六」というみことばが墨書されていました。そのあと教団理事会に南佐久郡開拓の志と練馬の教会の後任者をお願いする手紙を出しました。

ひょうたん

二つ目は大泉聖書教会の兄弟姉妹に私の志を話すことでした。日本にはまだ福音を聞くチャンスがなく通う教会もない地域があること、そこに行く伝道者が必要なことを話して理解してもらいました。そして三つ目は、母校東京基督神学校から「いずれ教鞭をとる準備をしておきなさい」と言われていたので、下川友也校長に、当面、組織神学担当教師の必要がないことを確認しました。私は開拓伝道を始めるに当たって、神学教師の道は断念しました。長野新幹線もインターネットもなかった当時、文献が手に入らない長野県の南佐久郡で開拓伝道をするということは、そういうことを意味しました。いよいよ具体的準備をしていくことになりました。

1 水草、前掲書、第五章「聖定・創造・摂理」6「被造世界の特徴－統一性と多様性と時間性」を参照。

2 本書Ⅱ9「虎穴に入らずんば」を参照。

2　南佐久郡という地

先輩に教えを乞う

来春、田舎で開拓伝道を始めることを決めたので、三人の先輩に教えを乞いに行きました。お一人は佐渡と長野県伊那の教会を牧会された故・北條正人牧師で、当時は練馬区の小竹町聖書教会を牧会していらっしゃいました。以前、先生が書かれた「長靴をはいて」という田舎伝道の証の文章を読んで印象深かったからです。先生は、あせらず腰を落ち着けて地域の人々に馴染んでいくこと、また、ご自身がしてこられた懇切な牧会について話してくださいました。「田舎はね、東京と違って広い家に住めていいよ。」などとおっしゃって、帰り際に「私は人にネクタイをあげるのが趣味なんですよ。高いものじゃないです。一本選んでください。」とおっしゃったので、その一本をいただきました。

もうお一人は玉井邦美牧師です。玉井先生は四十歳頃から練馬区石神井の住宅街で宣教師と協力して開拓伝道をして数年で百名程度の群れを形成していらっしゃいました。開拓伝道に関する私の質問に対して、開口一番先生はおっしゃいました。「この教会では特別伝道集会はしないことにしているんです。年に一度か二度の特伝をしただけで伝道したかのような自己満足に陥りがちだからです。伝道は毎月、毎週、毎日することです。ぼくの賜物は個人伝道です。主イエスが言われたように、個人伝道はぼくの食べ物です。」玉井先生のことばは図星でした。私は、大泉の伝道で年に一度や二度の特伝で行き詰まりを感じていたからです。

三人目は、豊橋ホサナキリスト教会の森川昌芳牧師の証のカセットテープでした。教団伝道部の集会で、森川先生がご自分の古河と豊橋における伝道について証をされたものです。先生のことばで印象に残ったのは、「教会が五十人になるまでは信徒に『伝道しなさい』とは言うまいと決めていました。自分が伝道者ですから、まず自分が伝道するのだと決めていたのです。」ということばでした。

三人の先生方の教えは南佐久伝道の指針となりました。

南佐久郡の地理・自然・産業・宗教

日本一長い川は新潟市から日本海に注ぐ信濃川ですが、この信濃川を遡上すると長野市で犀川と千曲川とに分かれます。その千曲川の源流域が南佐久郡です。主が私に託された責任地域と考えたのは、上流から順に川上村・南牧村・北相木村・南相木村・小海《こうみ》町・八千穂村・佐久町です。

今は八千穂と佐久町は合併して佐久穂町といいます。面積は東京二十三区より少し広い767平方キロメートルですが、八ヶ岳を望む野辺山高原以外のほとんどの部分は森林に覆われた山々で、ところどころに原と呼ばれる平地に畑があり、人々は千曲川と支流の岸に張り付くように住んでいます。人家がある場所の標高はだいたい800~1300メートルで、南佐久郡の人口は当時二万五千人ほどでした。

森は最も標高の高い所はブナ林とダケカンバ、少し下がってカラマツ林と白樺と赤松林、そして里山はコナラ、クヌギ、ミズナラなどの雑木林となります。森に多く住んでいるシカは農家の悩みの種で、町の中にもときどき出没します。他にもカモシカ、タヌキ、キツネ、イノシシがいて、たまに町の有線で「クマが田んぼに出没していますから、気を付けてください。」などという放送が流れることもありました。また、妻が小学校の校門前で寒い朝にイースター子ども会のチラシを配っていたら、サルが現れて、教頭先生がほうきを振り上げて追いかけ回すという面白いこともありました。

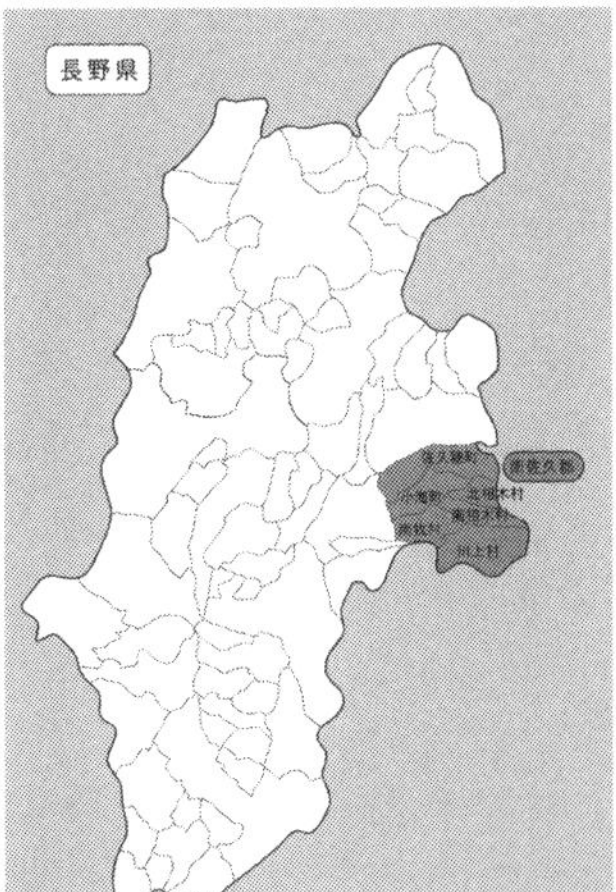

南佐久郡　PIXTA

小海町は当時人口7千人。松原湖バイブルキャンプがある町です。山奥なのになぜ小海というかというと、戦国時代までここに「小海」と呼ばれる湖があったからです。その名残で、天台宗松源寺は別名海岸院といいます。南佐久郡は厳冬期は氷点下17～20度まで下がり、稲作の限界地域ですが、戦後、高原野菜の大産地となりました。GHQの兵士たちが夏場に食べるレタスを、冷涼なこの地で作って東京へと運ぶようになったのが発端で、現在、八ヶ岳ブランドは有名な高原野菜で、白菜、レタス、キャベツ、グリーンボール、野沢菜が主要な作物です。四月から苗づくり、五月、六月は一毛目の植え付け、七月から八月は出荷と二毛目の苗作りと植え付けの超繁忙期、十月一杯が二毛目の出荷で、この間、農家は朝真っ暗なうちから投光器を点けて収穫をします。「朝採れ野菜」は値が付くからです。まさに目の回るような生活です。

野菜の収穫

　宗教的には七年ごとの御柱祭《おんばしらさい》で有名な諏訪神社の支社が小海町松原地区にあります。本社のある諏訪ほど大規模ではありませんが、御柱祭は町をあげての行事で、「政教分離」などどこ吹く風です。開拓七年目に教会堂が建つと、町内会の役員さんが教会に神社の奉納金を徴収に来られたのには驚きましたが、その役員さんたちも驚いて、「神社です。宗教じゃありませんよ。」

と言うのでした。ああ「神社非宗教論」は社会常識になっているのだと気づきました。仏教が時代を越えて一族を束ねる働きをしているとすれば、神社は同時代の地域住民を束ねる働きをしています。私はもちろん神社への奉納金は収めませんでしたが、町内の春の道普請、公民館清掃、夏秋の草刈り、冬の通学路の雪かきなどでは一緒に汗を流しました。

仏教は天台宗の二つの寺院の他に、佐久町には日蓮宗の大きな寺院がありました。とはいえ、いわゆる葬式仏教で檀家たちは一族の祖先祭りの手段として寺と関係を持ってきたものです。松原地区にかつてあった寺の住職の息子から、こんな話を聞きました。その寺が火事で焼失したとき、檀家たちは寺の再建には莫大なお金がかかるので断念して、松原の諏訪神社の神主に祖先祀りを依頼することにしたというのです。日本教の本体は祖先祀りであり、仏教や神社は着替えることが可能な衣にすぎないことがわかります。冠婚葬祭をキリスト教式に変更させていくということを念頭に置くこともまた、福音宣教の基盤整備のために役に立つのではないかと思います。

「信濃の国」

長野県には県歌「信濃の国」というものがあることを知りました。長野県民は東京などで県人会があると、この歌を声をあわせて歌うそうです。妻は佐久市岩村田出身なので、子どものころ学校で覚えて運動会で女子はこの歌に合わせたダンスをしたといいます。長男が小学一年生に上がると、担任が音楽の先生だったのでお願いしたら、この歌の入ったカセットテープをくださいました。

信濃の国

作詞　浅井　洌

1
信濃の国は十州に　境連ぬる国にして
聳《そび》ゆる山はいや高く　流るる川はいや遠し
松本伊那佐久善光寺　四つの平《たいら》は肥沃《ひよく》の地
海こそなけれ物《もの》さわに　万《よろ》ず足らわぬ事《こと》ぞなき

2
四方《よも》に聳《そび》ゆる山々は　御嶽乗鞍駒《おんたけのりくらこま》ヶ岳《たけ》
浅間は殊《こと》に活火山　いずれも国の鎮《しず》めなり
流れ淀《よど》まずゆく水は　北に犀《さい》川千曲《ちくま》川
南に木曽川天竜川　これまた国の固《かた》めなり

3

木曽の谷には真木《まき》茂《しげ》り　諏訪《すわ》の湖《うみ》には魚《うお》多し
民のかせぎも豊かにて　五穀《ごこく》の実《みの》らぬ里やある
しかのみならず桑とりて　蚕飼《こがい》の業《わざ》の打ちひらけ
細きよすがも軽《かろ》からぬ　国の命《いのち》を繋《つな》ぐなり

4

尋《たず》ねまほしき園原《そのはら》や　旅のやどりの寝覚《ねざめ》の床《とこ》
木曽の桟《かけはし》かけし世も　心してゆけ久米路橋《くめじばし》
くる人多き筑摩《つかま》の湯　月の名にたつ姨捨山《おばすてやま》
しるき名所と風雅士《みやびお》が　詩歌《しいか》に詠《よ》みてぞ伝えたる

5

旭《あさひ》将軍義仲《よしなか》も　仁科《にしな》の五郎信盛《のぶもり》も
春台《しゅんだい》太宰《だざい》先生も　象山《ぞうざん》佐久間《さくま》先生も
皆此《この》国の人にして　文武《ぶんぶ》の誉《ほまれ》たぐいなく
山と聳《そび》えて世に仰ぎ　川と流れて名は尽《つき》ず

6
吾妻《あずま》はやとし日本武《やまとたけ》　嘆《なげ》き給《たま》いし碓氷《うすい》山
穿《うが》つ隧道《トンネル》二十六　夢にもこゆる汽車の道
みち一筋《ひとすじ》に学《まな》びなば　昔の人にや劣《おと》るべき
古来山河《こらいさんが》の秀《ひい》でたる　国は偉人のある習《なら》い

県外から来たことを話すと、「長野県には県歌『信濃の国』があるだよ。」と話題にされることが多く、「ぼくも知ってますよ」と言って口ずさんでみせると、「おらとは一節しか知らねえに、全部憶えているだかい。」と感心されました。家々を訪問してみると、床の間の掛け軸は、島崎藤村の「小諸なる古城のほとり」の詩か、この「信濃の国」であることが多いのです。また、南佐久郡で人々が取っている新聞は圧倒的に「信濃毎日新聞」で、あとは「農業新聞」か「赤旗」です。地方の人々は郷土愛が強いので、伝道者もまずその地に関心と愛を持つことが必要だと思います。

3　黄色い十字架の立つ家

「わたしはあなたとともにいる」

松原湖バイブルキャンプの篠田牧師に開拓伝道の拠点となる住まいを小海《こうみ》町で探してもらいました。小海で不動産を扱っているのは町の開発公社だけです。十一月に空いている借家が見つかり口頭で予約して、一安心しました。ところが、年が明けて連絡してみると、その家は他の人に貸してしまったというのです。困りました。病身の母と乳飲み子を抱えて、厳寒期には全面結氷し、気温は氷点下20度という湖畔のキャンプ場のバンガローでどうして暮らせるでしょう。

そこで、二月になって私は六歳の長男を連れて車で小海町に出かけました。しかし開発公社の所長の篠原さんはにべもなく「ないものはないよ」と言うのです。もはや祈るしか手がありません。その晩、キャンプ・スタッフとともに祈りました。「神様、あなたが私たち家族をこの地の伝道に召してくださいました。その拠点となる住まいを与えるのはあなたです。」と食い下がり格闘しました。

翌朝、東京に帰る前にもう一度、開発公社に寄って行くことにしました。開発公社の引き戸を開けると、昨日「ないよ」と言った所長さんが顔を上げると、立ち上がって言いました。「きのうお宅が帰った後、うちで家を借りている人が来て、『二月末に引っ越すことになった』と言うんですよ。それで同じ間取りの家が一軒空きました。お宅は三月に引っ越して来ていいです。三月の家賃はいりません。」とのことでした。ハレルヤ！　モーセが主の導きにしたがってエジプトを出て民を率いて行くと、目の前には海が現れて行く手を阻み、後ろからはエジプト軍が襲いかかろうとしました。主のご命令にしたがって信仰をもって前進すると、主に「これでも信じ従うか？」と試みられることがあります。そこですごすご引き下がることはみこころではありません。「これは主の約束です」となお信じて進む時、海は割れるのです。[1]

その家は前に予約したものと間取りは同じでしたが、はるかに好条件でした。通学路である国道141号の脇の千曲川沿いの集落の一軒家で、敷地には詰めれば八台分の駐車スペースがあります。家賃7万7千円。間取りは二階に六畳と八畳、一階に和室六畳二つと十二畳のリビングと、七・五畳のダイニングキッチンでした。しかも、国道から一段下がった場所で十軒ほどの家が建ち、梅林と田畑と原っぱもあって子どもたちが安全に遊ぶのに最適な環境でした。後に生まれた次男は、秋になると毎日赤とんぼをたくさんとってきて、家の中で放して飛ばして、それから窓を開け放って逃がしてやっていました。「恐れるな。わたしはあなたとともにいる。」（イザヤ41・10）という神様の声を聞く思いがしました。開拓伝道の醍醐味は、祈るほか手がない状況の中で、

屋根に十字架を掲げる

生ける主がともにいてくださるのを体験できることです。
　三月、練馬から小海への引っ越しには、バイブルキャンプのスタッフがトラックで何度も往復して協力してくれました。礼拝をともに捧げる最初の兄弟姉妹です。住宅としての契約上「教会」の看板を掲げることは憚《はばか》られたので「松原湖高原教会牧師館」と掲げました。将来、会堂を南佐久郡のいずれの町村に建てるか決まっていなかったので、とりあえず「松原湖高原教会」というバイブルキャンプ教会の新名称を用いました。しかし、これだけでは教会の目印になりません。そこで、開発公社の所長さんに「牧師の家には十字架が付いているものなんですが、いいでしょうか?」と聞いてみたら、「いいよ」と拍子抜けするほど簡単に許可が出たので、十字架を掲げることにしました。最初、二本の丸太を組み合わせて作った十字架に白いペンキを塗ってベランダに付けましたが、家も白っぽいので全然目立ちません。そこで赤く塗ってみました。すると、目立つには目立つのですが、その集落は小海日赤病院の医者たちの宿舎がある場所だったので、今度は「日赤のお医者さんですか？」と誤解されました。結局、新たに角材で黄色の十字架を作り直して、野辺山天文台に勤めていて洗礼を受けて間もない昭彦さんと一緒に二階の屋根に上って付け直しました。すると国道からもよく見えるようになり、「ああ、あの黄色い十字架の家だね」と町の人たちから言ってもらえるようになりました。

目指す教会像を見据えて

当初、どこを礼拝の場所にするかを迷いました。最初の二か月は松原湖バイブルキャンプ場の小チャペルや、キャンプシーズンはそこが使えないので、さらに上の第三セクターの町おこし事業の小海リエックスの結婚式場チャペル（標高１４５０メートル）で主日礼拝をしたこともあります。しかし、標高７００メートルの佐久市から見ると標高８５０メートルの小海町は僻地ですが、小海町の人々にとっては標高１１００メートルの松原地区は僻地であって、心理的に遠い場所だということを知りました。まして１４５０メートルのリエックス・チャペルは山奥です。スキー客は別として冬場凍てついた急坂の上り下りを好む人はいません。そこで、狭くはありますが牧師宅の十二畳を礼拝室にすることに落ち着きました。開拓伝道の場合、その地域において人が集まりやすい場所がどういうところであるかは実際に住み始めてみなければわかりませんから、まずは借家をして伝道をしつつ様子を見ることが賢明であると思います。

礼拝室として用いる十二畳に私物は置かないことを原則にしました。正面にぶら下げる小さな十字架は山で拾ったカラマツ材を削って組み合わせ丁寧にニスを塗って仕上げ、説教卓は木目のカラーボックスに天板を付けて加工して作りました。聖餐卓はホームセンターで見つけたパイン集成材の折り畳みテーブルです。会衆椅子は、飛騨古川で作られたという古い木製の折りたたみ椅子を三十脚ほど同じ教団の等々力教会からいただいてきました。また子ども椅子は銚子教会幼稚園の古い椅子をいただきました。少し人が増えてくると、七・五畳のダイニングキッチンと仕切りを全部開けて集会をしました。

家の用い方についてですが、教会形成を目指すならば、公私の区別が大事だと思います。牧師の私宅だと遠慮があって、いつまでも家庭集会の域を出ることができないでしょう。教会形成を目指すには、礼拝室を公の場とするための工夫と牧師家族のある程度の我慢が必要です。礼拝室に私物を置かないことがどうしても無理ならば、せめて集会のときには私物を見えなくしておくことです。とはいえ集う人たちにも、そこが牧師家族の生活スペースでもあるというわきまえは必要です。主日に牧師家庭の台所を使わせてもらっているのに、そこに牧師家族のヤカンがかけられていることなどにクレームをつけるような人がいたら、牧師の家族は心病んでしまうでしょう。幸い私たちの場合、そういう人はいなかったのでトラブルは皆無でした。

交わりの時と礼拝の時の区別も工夫しました。礼拝のときは将来目指している礼拝のかたちを念頭に置いて説教卓と聖餐卓と椅子を配置することです。交わり、分かち合いのときは車座が良いでしょう。週報も最初から作り、会計報告も毎月出しました。会計はキャンプのスタッフにしてもらいました。これらはすべて群れが何を目指しているのかを集う人たちが意識していくためです。植物は種子の中に、のちに根となり茎となり葉となり花となる全てのＤＮＡが入っているように、教会は生命体ですから、種子のときからすべての要素が潜在的にであっても入っていることが大事だと思います。

礼拝のかたち

礼拝は、最初から朝礼拝と夕礼拝をささげました。夕礼拝をした理由の一つは、この地域の農繁期は農家の人々は農協の共同出荷があるので、日曜朝に出ることがむずかしいからです。もう一つの理由は牧師自身の霊性のために、安息日を聖別して過ごすためには、朝だけでなく夕にも礼拝をささげることが有益であるからです。朝は福音書、夕は創世記から説き始めました。

小海での礼拝の特徴は、大人も子どもも一緒にささげることです。子ども席は最前列にして、自分たちが礼拝に招かれていることを意識しやすいようにと配慮しました。礼拝の前半はギターを用いた子どもも馴染みやすいものを用い、毎週、いのちのことば社の『成長』の教材を用いた紙芝居をしました。『成長』カリキュラムは三年サイクルで旧新約聖書全体を概説するので、成人信徒にとっても有益です。牧師の説教は原則として連続講解なので、聖書のある部分にかたよる傾向が出てしまいますから、神のご計画の全体を見渡すために、三年サイクルのカリキュラムが役に立つわけです。この紙芝居は最初牧師が担当していましたが、洗礼を受ける人たちが出てくると、その方たちにも参加してもらいました。説教も極力、子どもにもわかりやすいようにと配慮しましたが、それがどこまで果たせたかはわかりません。子どもには一人ひとりにノートを持たせ、その日の説教でわかったことを書いて提出してもらい、コメントを付けるようにしました。

最初の洗礼式、ゆかり姉、渉兄

子どもたちと一緒に礼拝をささげるようにしたのは、それまでの経験上、教会学校の小学生の子どもたちのほとんどが、中学に上がると教会を「卒業」してしまったからです。教会学校と一般礼拝との落差が大きくて、まるで小学校を卒業したらいきなり大学に入るようなものです。また、子どもと一緒に礼拝することは、大人たちにとっても、子どもたちが神の家族である教会に属していること、神の御前で自分たちにはこの子どもたちをともに見守り祈り育てていく責任があることを意識する上でも大切なことだと考えています。主イエスはおっしゃいました。「子どもたちを、わたしのところに来させなさい。邪魔してはいけません。神の国はこのような者たちのものなのです。」（マルコ10・14）

ギターとピアノの奏楽については、キャンプスタッフがいる季節にはお願いできましたが、春キャンプ、五月のキャンプ、夏の二か月のキャンプ、冬の三週間のキャンプ、そしてお客さんが来たときには、妻と私だけでしなければなりません。彼女はピアノを弾き、私はギターを始めましたが3コード＋α以上には上達しないまま二年間やりましたが、小学三年生の長男が練習を始めたら二か月ほどではるかに私より上手になったので、あとはお任せとなり、やがて長男が上京すると次男たちがギター奏楽を担当するようになりました。

説教と教理の学び

礼拝説教も開拓だからといって、わかりやすい伝道メッセージばかりしていたのでは教会形成はおぼつかないでしょう。いつまでも母乳や離乳食ばかり食べさせて、赤ちゃん扱いしていたら、子どもはそのうち満足できなくなって、どこか固いけれどおいしい食事を用意してくれるところに行ってしまうでしょう。

説教は連続講解を原則としつつ「神のご計画の全体を、余すところなく」（使徒20・27　新改訳第三版）伝えることを心がけました。そのために、礼拝では連続講解の切れ目に使徒信条の講解説教や所属教団の信仰告白の講解説教を折り込んだりしました。また、復活節、ペンテコステ、アドベントとクリスマス、宗教改革記念日といった特別期間以外で特別説教をしたのは、八月十五日と二月十一日です。この日には「教会と国家」にまつわる説教をしました。

また祈り会では『神を愛するための神学講座』を用いて教理の学びをしたりしたこともあります。神のご計画全体の中で部分を知るならば、その部分も視野を広くかつ深く味わうことができるものです。

日本のような異教の地、格別、祖先崇拝を中核として一族が固まって集落をなしているような地においてキリストを信じて生きていくということは、容易なことではありません。洗礼の決心をするのに何年もかかるのが普通です。恵み百パーセントで、キリストのゆえに義とされ、神の子として神の家族である教会に入れていただけるけれども、その先、キリストに従って行く道は決して平坦ではないことを本人がしっかり知っておくことは大事なことです。そのためには、聖書的な世界観・人生観を確立しておくことが必要です。そうでなければ、薄い岩地に落ちた種のようにせっかく出た芽はすぐに枯れてしまうでしょう。

孤立しないこと

最初の一年三か月の間、集会は家族とキャンプスタッフだけでした。私たちが小海に入った翌年には篠田師家族はキャンプミニストリーを学ぶために米国に転じ、その後もキャンプスタッフは次々に入れ替わりましたが、どのスタッフも主に仕えたいと願っている兄姉ですから、その存在に励まされ慰められました。

またシーズンには、キャンプを訪れた友人たちや前任地練馬の兄姉たちや、妻が若い日、伝道師として出席していた浜松中沢教会の兄姉が立ち寄ってくれたことは励ましでした。また神学生が二週間の研修に来てくれたり、夏期伝道チームが来てくれたことも、神学教育に重荷のあった私にとっては励ましでした。また二週間、朝から晩まで神学と教会史の学びを集中的にして、米国の神学校に学ぶ備えをした夫妻もいました。またキャンプスタッフの奥山信兄は伝道者としての召しを与えられて、神戸改革派神学校に進みました。その神学生たちは今では全国のあちこちで牧会している同労者となっています。またKGKの総主事だった片岡伸光さんがスイス・ウエモ村のラブリから絵葉書をくださったあと、帰国後わざわざ訪ねて来られて、ご自分の故郷への宣教の思いについて話されるのをうかがったこともありました。そして長野県の同じ教団の牧師たちとの交わり、特に東信地区の月例の軽井沢の教会での神学読書会の交わりは励ましでした。学びの内容もさることながら、佐久市の野沢福音教会の小寺肇牧師との車中での馬鹿話は面白すぎて道を間違えたこともありました。また、伊豆大島の大島元村教会の相沢良一牧師と伝道紙「黒潮」と「通信小海」のやり取りをしたことも励ましでした。

伝道者は皆そうですが、特に開拓伝道者にとって孤立は罠だと思います。孤立していると、順調なときは独りよがりになり、行き詰ったときにはへこんでしまいます。へこんでいるときに励ましてくれる友は多いかもしれませんが、高ぶっているときに戒めてくれるほどの友はなかなか得られるものではありません。当時、所属教団の靖国問題特別委員会で交わりがあった先輩の結城晋次牧師から、「この年齢になって見回すと、同じ時に神学校を出て伝道者として歩み始めたけれど、色々な事情があったにせよ戦線を離脱した人たちが多い。私のような者が続けてこられたのは、同労者との交わりを大切にしたからだと思う。牧師には同業者ではなく同労者が必要なんだ。」と教えられたことは真実でした。「わたしはあなたとともにいる」と言われる主は、主にある同労者との交わりのうちに臨在されるのです。

一粒の麦

私を戒めてくれた存在として、母のことを記しておきたいと思います。父が天に召されてから、母は神戸の須磨の家に兄といっしょに十年暮らしていました。もともと元気でおしゃれな人でしたが、父を天に送ったあと、肝臓を患って病院通いをするようになりました。今でいうC型肝炎でした。とはいえ十年間は自立した生活をしていましたが、兄が結婚して大阪に転じ、一人になってほっとしたせいか、鬱っぽくなったようです。私たちが開拓伝道に立つ前年の夏でした。電話で話を聞いて心配になり、「二番目の子が年末には生まれるし、東京に来たら」と言って、一緒に暮らすことになりました。その夏、私は南佐久郡への召しを受け、妻にもそれを告げ、秋は準備のときでした。年末になって私は母に聞きました。「お母さんは神戸の家に帰る？　それとも一緒に信州に行く？」すると母は「私も一緒に信州の開拓伝道に行くよ。」と答えたのでした。病身の母でしたが、自分も開拓伝道の戦列に加わりたいという意思表示でした。

私どもが母と一緒に暮らしたのは、練馬で一九九三年夏から九四年三月まで、小海で九四年四月から九六年の夏までの三年間でした。信州に転じてから、母を車に乗せて週に二度は佐久総合病院に通いました。母は凍てつく冬にすべって手首と肋骨の骨折をしたこともあり、肝臓癌の手術もしました。ですが、母はキャンプスタッフと徐々に加えられてきた兄弟姉妹と一緒に礼拝することと、祈り会でともに祈ることを何よりの喜びとしていました。また二歳になった孫娘苑美《そのみ》と礼拝ごっこをしていました。娘が司会・牧師役をして、母は会衆役をするのです。

ある日、母を病院に送っていく車中、私が自分がしている伝道について何か思い上がったふうなことを話していると、ほとんど怒ることのない母が、そのときは「修治、このごろ少し傲慢になってるんやないの?」と私を静かに諭しました。ありがたい戒めでした。

一九九六年七月二十七日、土曜日の午前、母は「明日は主の日だから美容院に連れて行ってほしい。」と言いました。私が二階で準備をしていると、一階から長男が「おばあちゃんが頭が痛いと言ってるよ。」と呼びました。部屋に行ってみると、母は「頭が痛い」と言って布団に倒れていて、まもなく大きないびきをかき始めました。救急車が来て病院に運ばれましたが、くも膜下出血で、母は主の御許に召されて行きました。葬儀では私が司式をしました。突然、大好きなおばあちゃんがいなくなって、二歳の娘が水色のワンピースを着てしょんぼりしていた姿が瞼の裏に残っています。病を得て横になっていることの多い母でしたが、いつも南佐久の人々の救いを祈っていました。主は母に「おまえは一粒の麦になったね。」と言ってくださったでしょうか。

1　水草、前掲書、第十九章「主の教会」5「祈りと賛美―祭司職」(2)「異教の祈りと聖書的祈り―生ける人格神との対話・格闘」を参照。

4　主の宣教命令

大宣教命令――二つの命令

三つの共観福音書の末尾と使徒の働き1章に、主イエスが天に昇られる前に下された大宣教命令が記されています。神学生時代の伝道学の授業で、奥山実師は大宣教命令には二つの命令が含まれると指摘されました。マルコ福音書、ルカ福音書、使徒の働きの命令は、「すべての人々に福音を伝えなさい」であり、マタイ福音書末尾の命令は「主の弟子としなさい」です。この二つの命令に応えることが伝道なのですが、[1]私たちはどちらかに偏りがちです。

太平洋戦争後、大挙して来日した宣教師たちは全国津々浦々で天幕集会を開いて十字架の福音をすべての人々に宣べ伝えることに情熱を燃やし、信じた人々に次々に洗礼を授けました。当時は全国の教会に人が溢れたといいます。しかし、やがて高度成長期に入ると、人々は潮が引くように教会に来なくなりました。

土浦めぐみ教会の朝岡茂先生は、「宣教師から主の弟子としての生き方について教えられていない人々を引き受けた牧師たちは、ものすごく苦労し、『教会論的に考える』ということを合言葉にして教会形成に励んだのだ。」とおっしゃっていました。先生の日本クリスチャン・カレッジの卒論は、ケーリュグマ（宣教）とともにディダケー（教育）が大切であるという趣旨でした。一九七〇年代から八〇年代、土浦めぐみ教会では聖書図書刊行会から出されていた旧約聖書概論、新約聖書概論、聖書解釈学、説教学、組織神学など硬めの本の読書会を主日の夕礼拝としていました。それと同時に、教会はすべての人に福音を伝えるために、トラクト配布なども積極的に行っていました。

一九七〇年代後半から、米国発の「教会成長論」が福音派内で流行し始めました。その基本テーゼは「人数が増える伝道方法は真理であり、増えない伝道方法は非真理である」という実利主義的なものでした。教会成長論を学んだ有能な牧師たちは組織マネジメントの手法を応用して、日本でも数百人規模の教会がいくつか誕生しました。確かに三十人の群れ、六十人の群れ、百人の群れ、また二百人、三百人の群れでは、教会員の意識の持ち方、交わりの形成の仕方、組織の仕組みを切り替えなければうまくいかないでしょう。大きな群れが生まれ、生き生きと宣教活動をしていることが真の福音が語られた結果であれば、それは実に喜ばしいことです。しかし反面、教会成長論の流行は、目先の人数増加に直接つながらない伝道方法、たとえばクルセード方式、テレビ・ラジオ伝道、トラクト配布、また教会自立の難しい地域への伝道に対して、日本の教会を消極的にさせたのではないか、そしてその結果として、宣教の基盤であるキリスト教への一般的好意者層を痩せ細らせたのではないか、とも思います。

　ある本に次のようなことが書かれていました。教会つまり信徒の群れは氷山の一角であり、それを支えているのは水面下の多くの求道者・家庭集会参加者、さらにキリスト教に対する多くの好意者層だというのです。氷山は、水面下の部分が大きくなれば水面上の一角も大きくなり、水面下が小さければ水面上の一角も小さくなります。ですから、目に見える教会員や礼拝に通う求道者に働きかけるだけでなく、礼拝にはなかなか来ないけれどもキリスト教に好意を持つ人々の層を地域で意図的に大きく育てることが必要だというわけです。

　長野県南佐久郡に赴いた約三十年前、この地域で教会を建て上げようとするならば、少なくとも「キリスト教も悪くないな」という好意者層を増やす必要があると考えました。誰かが教会に通い始めた時、「ヤソ教などとんでもない。やめておけ。」という地域の空気を変化させる必要があると思ったのです。そのためには牧師が地域に出て行ってさまざまな人々と交友関係を作り、また、キリストの福音と聖書が語っている価値観を、厳密な意味で「地域のすべての人に」というのは実際上難しくても、少なくとも全戸に満たしたいと思いました。

　ところで、奥山実師は伝道学のクラスで、「聖書において福音は身体のどこと関係しているとされているか?」と問われました。口や舌でしょうか。いいえ。「なんと美しいことか、良い知らせを伝える人たちの足は」(ローマ10・15)とあり、また「足には平和の福音の備えをはきなさい。」（エペソ6・15）とあります。福音と関係するのは「足」です。その意味するところは、福音は、教会の外に出かけて行ってすべての人々に伝えるものだということです。日本では教会員が三十～四十人ほどになると、牧師と牧師夫人は青年会・婦人会・壮年会・ＣＳなどさまざまな教会内活動で結構忙しくなり、教会の経済力もついてきます。しかし、その忙しさにかまけて、囲いの外の人々に福音を伝えることを止めたら、主の大宣教命令に応えていないことになります。会堂の礼拝で毎週の主日説教はするけれど、対外的には年に一、二度の伝道会を開いただけでは主の宣教命令に応えたことになりません。私としては、将来どんな規模の群れになったとしても、絶えず地域に福音を宣べ伝え、福音を満たすことを怠るまいと肝に命じつつ伝道と教会形成に励もうと考えました。

小海キリスト教会が福音を伝える責任があると自覚し、福音の種を蒔き続けた地域は南佐久郡で、人口二万五千人、世帯数一万戸弱でした。ここに私は「通信小海」という伝道新聞を作って、毎月新聞折り込みで配布しました。また、スタートから数年後、「ラブ信州」の呼びかけに応じて来てくれたシンガポールの兄弟姉妹とともに、南佐久郡のすべての集落の全戸を訪ねて福音文書とイエス伝のカセットテープを届けることができたのは感謝なことでした。

ところで、二万五千という人口は一つの教会に対して多いでしょうか？　少ないでしょうか？　数十万、数百万の人口を抱えた都市で伝道している人たちは、二万五千人は少ないと考えるでしょう。しかし、私はあるドイツの宣教学者が「一人の牧師が担当できる人数は三千人である」と主張しているのを読んだことがあります。本気でキリストの福音を一人ひとりに伝えようとするならば、三千人でも多いでしょう。ならば南佐久郡には二万五千人もいるのだから、私が伝道するには十分だと考えたのです。

伝道の成功とは

伝道の成功とは何でしょうか？　会員数が増え大会堂が建つことでしょうか？　もしそうだとすれば、伝道をすべき地とは日本で言えば、第一に伝統的因習がなくて、第二に人口が増加傾向にあり、第三に不動産価格がほどほどで、第四に大都市に通勤するサラリーマン家庭が定住する一戸建てもしくは分譲マンションのベッドタウンということになるでしょう。ベッドタウンでも転勤族の賃貸マンション地域は避けよ、ということになります。

南佐久郡は中山間地で、伝統的因習が強く、人口は減少傾向で、農家の人々は夏場毎日曜日に朝礼拝に来るのが非常に難しい。そういう所であえて開拓伝道をするというのは、教会成長論的には愚かでしょう。けれども、主イエスは誰に伝道せよと私たちに命じておられるでしょうか。「因習の少ない地域の人々に福音を宣べ伝えなさい。」「人口が増加する地域の人々にだけ福音を宣べ伝えなさい。」とおっしゃったでしょうか。「一戸建てベッドタウンだけに伝道しなさい。」とおっしゃったでしょうか。主イエスは「すべての造られた者に福音を宣べ伝えなさい。」（マルコ16・15）と命じておられます。

主のしもべにとって肝心なことは、召しに忠実であることです。そこが自分の召された地であるならば、それが効率主義的観点から有利であろうと不利であろうと、忠実に福音を伝えることです。結果、もし教会を形成できたなら、これほど幸いなことはありません。しかし、イザヤが「ここに私がおります。私を遣わしてください。」と召しに応じると、主は「行って、この民に告げよ。『聞き続けよ。だが悟るな。見続けよ。だが知るな』と。この民の心を肥え鈍らせ、その耳を遠くし、その目を固く閉ざせ。彼らがその目で見ることも、耳で聞くことも、心で悟ることも、立ち返って癒やされることもないように。」（イザヤ6・9、10）とおっしゃいました。それでもイザヤは、召しに応えて預言者としての使命を果たしたのです。私にとっては南佐久郡へ行けという召しは明瞭だったので、も

小海町

し立ち上がらなければ、後日、主にお目にかかるとき、「なぜ、おまえはわたしが立てと言ったのに、立たなかったのだ。」と言われてしまうだろうと思いました。ですから、結果はどうあれ、主のご命令に従うことができただけで感謝でした。

救いの確信と義認と聖化

小海町では借家の居間で朝夕の礼拝を始め、説教に関して言えば朝はマルコ福音書、夕は創世記を連続講解しました。最初の夕礼拝で、「『初めに、神が天と地を創造した。地は形がなく、何もなかった。やみが大水の上にあり、神の霊が水の上を動いていた。そのとき、神が「光よ。あれ。」と仰せられた。すると光ができた。』（創世記1・1－3　新改訳第二版）とあるように、今は形がなく何もないこの地ですが、神がみことばと御霊をもって、この地に神の教会を創造してくださいます。」と語りました。

どういう方法で伝道したかについての詳細は後述しますが、まずは歩き回って「引っ越してきました。牧師です。」とあいさつ訪問をしたり、「通信小海」という伝道新聞を作って毎月五千部（後に七千部）刷って新聞折込をしたり、地域の参加自由な集会に出かけたり、田植えの手伝いをしたりして繋がりを作りました。なかなか借家の会堂を訪ねて来る人は現われませんでしたが、開拓二年目の夏、娘さんが落ち込んで困っている二枝《つぎえ》さんという隣村の農家の主婦が相談に来られました。「通信小海」を読んでいて、「牧師さんならカウンセリングをしてもらえるんじゃないか」と思って訪ねて来られたのです。

二枝さんが小学校に上がる前、小海町の昭和電工跡地で宣教師が開いた天幕集会、後には消防小屋で開かれていた日曜学校に友人の悦子さんと一緒に出かけていたことには先に触れました。そこで、本当の神様は天地万物の創造主であって、仏壇や神社には住んでいないとわかったそうです。その後、バイブルキャンプの川嶋牧師夫妻のお世話になりましたが、明確な信仰を得られないまま成人して、隣の南牧村海尻の農家に嫁いだのです。嫁いでみたら、その家は海尻城の城主の家柄で、天台宗のお寺の檀家総代でした。お姑さんからキリスト信仰を厳しく禁じられてしまい、川嶋夫人との文通による交流はあったものの教会に通えず、信仰書は色々読みながらも救いの確信も持てないままに三十年ほど経っていたのです。二枝さんが訪ねて来られた翌年の二月、娘のゆかりさんは我が家の長男渉と一緒に開拓教会最初の受洗者となりました。そして同年十二月には二枝さんも受洗したのでした。二枝さんが長年にわたり洗礼を受けられなかった理由の一つは家の問題でしたが、二枝さん自身の福音理解の問題でもありました。あるとき二枝さんが車の中で次のような内容のことを話されました。

「私はイエス様を信じているつもりでも、心かき乱されることがあると、悪い思いに囚われ罪を犯してしまうので、自分は本当に救われているのだろうかと疑って、洗礼は受けられないと思っていたんです。でも、先生の説教を聞いているうちに、まずイエス様を信じて神様に罪を赦していただいて、神様との関係が回復して、それから成長していけばいいのだとわかったので、自分は救われている、洗礼を受けていいんだと決心ができたんです。」

二枝さんが悩んだのは、マルティン・ルターが悩んだのと同じ問題です。ローマ・カトリックの教えでは、義認と聖化の区別が不明瞭です。義認と聖化の区別が曖昧だと、良心の敏感な人ほど、いつまでも救いの確信を持てず、不安の中にいなければならなくなります。「人が義と認められるのは、律法の行いによるのではなく、信仰による」（ローマ3・28　新改訳第三版）ということを知るまでは、人は救いの確信を持つことはできません。[2] 放蕩した弟息子は豚の糞尿に汚れて父のもとに帰って来ましたが、父親は彼をそのまま抱きしめて接吻してやみませんでした。やがて彼は父の家で体を洗い、素行を改めるようになっていくのですが、まずは罪の性質があるままで受け入れられたのです。それが義認の恵みです。

蒔く者と刈る者

のちに開拓十年目の記念文集を編むときにうかがったのですが、二枝さんが子どものころに通った消防小屋での日曜学校は、軽井沢日本語学校から来ていた宣教師たちが開いていたようです。その中に「モリさん」がいたと言います。話を聞いているうちに、それはもしかしたら青年時代のモーリス・ジェイコブセン宣教師だったのではないかと私は思いましたが、確かなことはわかりません。練馬時代に一緒に働いたモーリス・ジェイコブセン宣教師は、「私たちは最初長野で伝道しましたが、成果を得ることができませんでした。長野は霊的岩盤の固い所です」とおっしゃっていましたが、宣教師たちが三十年前に種を蒔いた結果を、私が刈り取ることになったと思うと感慨深いものがありました。

二枝さんの回心の話には続きがあります。彼女が嫁いできたときにキリスト教に猛反対をした姑のサダばあちゃんは、私が二枝さん宅を訪ねるようになったころには、すでに離れに住むようになっていました。私はそのことを聞いて、ある時期からサダばあちゃんを訪問するようになりました。コタツに入ってお茶をもらいながら、ばあちゃんとよもやま話をしていると、ハーモニカを取り出して「主よ御許に」とか「いつくしみ深き」とか讃美歌を次々に吹いてくださいました。「ばあちゃんは、なんで讃美歌知ってるんですか?」と聞いたら、サダばあちゃんが言うには、「学校を出て群馬県の富岡製糸場で女工として働いていたときに、日曜日ごとに製糸場のすぐそばにあった教会にみんなで通っては讃美歌を歌っていただよ。」とのことでした。製糸場の女工というと、『女工哀史』の悲惨な待遇を思い出す読者が多いと思いますが、富岡製糸場は事情が違います。明治政府は富岡製糸場を世界に誇りうる模範的な製糸場とするため、フランスの製糸場をモデルとして、女工たちの福利厚生と教育にまで気を配ったのです。製糸場に教会が付属したのも、女工の情操教育の一貫でした。ばあちゃんが言うには、「富岡製糸場を辞めたあとは、東京の文京区のあるお家に女中奉公に入ったのだけれど、その家族がクリスチャンだっただよ。」とのことでした。でも、このことを二枝さんに聞いたら、そんなことは聞いたこともないと言うのです。実の息子や娘さんたちも知りませんでした。サダばあちゃんは、檀家総代の家に嫁ぐにあたって若い日の教会の思い出をすべて封印したわけです。でも年をとって、元気のなくなった孫娘がキリストを信じて元気になって洗礼を受け、嫁がキリストを信じて洗礼を受け、牧師がやって来て話をするうちに心が解かされてきたのです。

訪問を繰り返すうち、サダばあちゃんはあのコタツで一緒にイエス様を受け入れる祈りをしました。そして嫁姑の確執もなくなって、二枝さんと楽しい交わりができるようになりました。その後、まもなく九十歳になろうとするころ、ばあちゃんは病床で洗礼を受けました。最期が近づき長男光治さんが夜はサダばあちゃんの家に泊まっていたのですが、光治さんは、「ばあちゃんは昼夜逆転していて、真夜中に『神さまー！』っとでっけえ声で叫ぶもんだから、おらとは寝られねえだよ。」と笑いながらこぼしていました。

サダばあちゃんは、その後まもなく天に召されました。私は光治さんに「ぼくが葬式してあげられますよ。」と話しましたが、「親戚との付き合いってもんがあらあ。」とのことで、お家の方では葬儀は仏式で行われました。でも、教会は教会で次の主日にサダばあちゃんの召天記念礼拝をささげました。こういうことは争う必要はないというのが、私の考えです。

「目を上げて畑を見なさい。色づいて、刈り入れるばかりになっています。すでに、刈る者は報酬を受け、永遠のいのちに至る実を集めています。それは蒔く者と刈る者がともに喜ぶためです。ですから、『一人が種を蒔き、ほかの者が刈り入れる』ということばはまことです。わたしはあなたがたを、自分たちが労苦したのでないものを刈り入れるために遣わしました。ほかの者たちが労苦し、あなたがたがその労苦の実にあずかっているのです。」

（ヨハネ4・35－38）

この主イエスのことばは、直接的には「昔の預言者たちは神のことばを告げたが、みな迫害の中で命を落としていった。だが新しい時代の使徒であるあなたがたは、収穫のために遣わされるのだ。」という意味でしょう。適用して言えば、昔、宣教師たちが苦労して蒔いた種に川嶋牧師が水を注いで芽が出ました。それから三十年ほど経って、私が刈り取らせていただいたのです。地方伝道は多くの場合、種を蒔き、水をやって育てては都会へ送り出すのが、その務めです。私たちは、自分が種を蒔く係であるか、水をやる係であるか、あるいは刈り取りをする係であるかにかかわらず、それぞれ主の召しに忠実に応えたいと思います。主のしもべにとって肝心なのは、召しに忠実であることだからです。私たち伝道者は地域教会に仕えつつ、「聖なる公同の教会」に仕えている意識を忘れてはなりません。

1　水草、前掲書、第十九章「主の教会」6「ディダケーとケーリュグマー預言職」を参照。

2　水草、前掲書、第十五章「義認―祝福の適用①」4「義認は法廷的な決定」、5「義認の根拠」、6「物乞いの空っぽの手としての信仰」を参照。

5　共通恩恵と特別恩恵

文脈化すべきこととは何か、文脈化してはならないこととは何か

ユダヤ人にも、ギリシア人にも

五十年ほど前からでしょうか、「福音を文化にコンテクスチュアライズ（文脈化）しなければならない」と言われてきました。しかし奥山実師は宣教学のクラスで「『福音を文脈化する』のは間違いであり、文脈化すべきは福音を伝える媒体である。」と重要な指摘をなさいました。確かに福音を文脈化すると、異なる福音になってしまいます。古代、福音をギリシャ世界に文脈化したのはグノーシス主義という異端でした。近代のシュライエルマッハーの著書『宗教論』は、福音を近代知識人の文化に文脈化した異なる福音です。戦前に流行した「日本的基督教」もまた異なる福音です。

「ユダヤ人（律法の下にいる人々）、ギリシア人（律法を持たない人々）」ということばに注目すれば、パウロのことばから伝道において文脈化すべきこととは何か、文脈化してはならないこととは何かがわかります。文脈化してはならない福音の本質とは何でしょうか。パウロはエペソの長老たちとの別れのときに「ユダヤ人にもギリシア人にも、神に対する悔い改めと、私たちの主

イエスに対する信仰を証ししてきたのです。」（使徒20・21）と言いました。人間には神の前に罪があるので、救われるためには悔い改めと、私たちを罪から救うのために十字架にかかられた主イエスを信じる必要があります。これが、どういう文化に属している人々に対しても共通して伝えるべき福音です。東京基督神学校時代、堀越暢治牧師が集中講義で強調されたことですが、主イエスの羊は主の声を知っていますから、主の声である真の福音を告知するならば、主の選びの羊は出てきて、主に従う羊の群れである教会ができます（ヨハネ10・3、4）。しかし、もし異なる福音によって呼んだなら、教会は主の羊の群れでなく動物園になってしまいます。[1]

他方、伝道において文脈化すべきこととは何でしょうか。パウロは言います。「私はだれに対しても自由ですが、より多くの人を獲得するために、すべての人の奴隷になりました。ユダヤ人にはユダヤ人のようになりました。ユダヤ人を獲得するためです。律法の下にある人たちには――私自身は律法の下にはいませんが――律法の下にある者のようになりました。律法の下にある人たちを獲得するためです。律法を持たない人たちには――私自身は神の律法を持たない者ではなく、キリストの律法を守る者ですが――律法を持たない者のようになりました。律法を持たない人たちを獲得するためです。」（Ⅰコリント9・19－21）相手がユダヤ人であれば、パウロはユダヤ人の伝統的習慣に合わせて生活することで福音の妨げを取り除くことに努めました。相手が異邦人である場合には、異邦人の生活習慣に馴染んだ生活をすることで、彼らに福音を伝えようと努めたのです。ハドソン・テーラーは当時の清国の人々に福音を伝えるために辮髪《べんぱつ》にしました。では、パウロは誰に倣ったのかといえば、「神の御姿であられるのに、神としてのあり方を捨てられないとは考えず、ご自分を空しくして、しもべの姿をとり、人間と同じようになられ」（ピリピ２・６ー７）たキリストに倣ったのです。伝道者は自分の生活のかたちを地域の人々の生活に馴染ませるように努めるべきだということです。

このごろ、コオロギ食について話題になっていて、ものすごく毛嫌いする人もいます。私は信州に二十二年間住んでいて、イナゴとハチの子を食べていたので、別にどうということはないと感じています。信州伊那地方では川虫であるザザ虫というのも佃煮として食べます。それから、養蚕が盛んだった地域では、蚕から糸を取ったあとの幼虫を食べます。海の無い信州では、これらは貴重なタンパク源でした。

虫はみな同じ味というわけでなく、やっぱり伝統的に食べられてきたイナゴは食べやすく、信州ではお店に佃煮として普通に売られていました。ただ、他のバッタは、それを食べた人に聞いたらひどく不味《まず》かったとのことです。ハチの子は高級品・珍味で、これは実際おいしいです。蚕は食べたことがありませんが、子どものころ食べたことがある信州人の妻に聞いたら、少し癖があるのだそうです。今話題のコオロギはおいしいそうで、だから粉末化して大々的に売り出そうということなのでしょう。

食物に関する禁忌というのは、それぞれ幼いころの食習慣によって身に付いた感覚・常識によるもので、今は旧約時代ではありませんから、絶対的な禁忌対象はありません。ただ虫によっては毒がある可能性がありますから、伝統的に長年食べられてきたものを選ぶのが安全策でしょう。虫を食べるのは残酷だという人がいます。確かにそうですが、その点に関して言えば、むしろ牛や豚をや鶏を食べる方がもっと残酷だと私は感じます。

大人になってからでは食習慣は乗り越えられないのかというと、そんなことはありません。私は信州に住み始めたのは三十五歳でした。無理をしたわけではありませんが、伝道者としてパウロのようでありたかったのです。やっぱり自分たちが昔から食べているものを「気持ち悪い」などと言うよそ者から聖書の話を聞きたいとは、普通思わないでしょうから。

私はだれに対しても自由ですが、より多くの人を獲得するために、すべての人の奴隷になりました。ユダヤ人にはユダヤ人のようになりました。ユダヤ人を獲得するためです。律法の下にある人たちには――私自身は律法の下にはいませんが――律法の下にある者のようになりました。律法の下にある人たちを獲得するためです。律法を持たない人たちには――私自身は神の律法を持たない者ではなく、キリストの律法を守る者ですが――律法を持たない者のようになりました。律法を持たない人たちを獲得するためです。弱い人たちには、弱い者になりました。

弱い人たちを獲得するためです。すべての人に、すべてのものとなりました。何とかして、何人かでも救うためです。私は福音のためにあらゆることをしています。私も福音の恵みをともに受ける者となるためです。（Ⅰコリント9・19－23）

共通恩恵の器に特別恩恵を載せて

伝道とは、さまざまな共通恩恵の器に特別恩恵である福音を載せて差し出すことです。未信者と信者との間に共通する恩恵を福音伝達の媒体とします。例えば、一昔前はメンズ・サパーとかレディース・ランチョンといった食事会伝道が流行しましたが、あれは食事という共通恩恵を用いて特別恩恵である福音を伝えるわけです。しかし、個々の方法以上に、伝道者が地域の人々を愛し、その地域に馴染もうという姿勢を持っていることが何よりのコンテクチュアライゼーションであると思います。伝道者は遣わされた地域の歴史や産業や自然環境に関心と敬意を払うことです。田舎を軽蔑している人は田舎の人に伝道はできませんし、都会を軽蔑している人は都会の人に伝道できません。誰が自分の属する地域文化を軽蔑している人のことばに耳を傾けるでしょう。たしかに文化や伝統には異教的な影響や堕落の影響があるので注意は必要ですが、関心を持ち一定の敬意を払う態度は必要だと思います。

小海に来た翌日の朝、私は「神様、北に行きましょうか？　南に行きましょうか？」と祈って、とりあえず北にある東馬流《ひがしまながし》という集落に行きました。歩いていると小さな畑で私と同年配の男性が農作業をしていました。「馬流元町に越してきた水草といいます。牧師なんです。」と挨拶をしました。少し話をすると、「今度うちにお茶でも飲みにおいで」と言われるので名前を伺うと「井出だよ」とのことでした。数日後、東馬流を再び訪ねて、道行く人に「井出さんのお宅はどこですか？」と尋ねると、「このあたりはみんな井出だよ。」と言われました。南佐久郡は集落ごとに苗字はほぼ一つで、東馬流は井出、本間は篠原、八那池は小池、土村は新津、親沢は井上、本村は黒澤といった具合で、それぞれ庄屋と呼ばれる本家があって分家が集まって住んでいるのです。

大学生時代にタイ宣教師の渡邊賢治先生が土浦めぐみ教会に宣教報告に見えたとき、「車でも自転車でも出会いは起こりませんが、歩けば出会いがあります。」と言われたことを思い出して歩いたのです。「足には平和の福音の備えをはきなさい」（エペソ６・15）です。日中、家族は勤めか畑か学校に出かけているので、家にいるのはたいてい畑に出られなくなったおばあちゃんです。縁側から「こんにちは。今度、引っ越してきた水草といいます。」と挨拶をすると、「お寄りなんし」とか言われて、縁側に座ってお話を聞くことになります。たいていお茶と漬物、時には煮物が出てきて、どこから来たんだとか、仕事は何だとか、家族はとか、お互いのよもやま話をします。手ぶらで出かけても、帰りは大根とかナスとか白菜を持たされます。心がけたのは、最後に一言、

「おばあちゃんの健康のため、ご家族のために祝福を祈らせてください。」と言って祈ることです。

田んぼの代掻《しろか》きや田植えの手伝いに押しかけたこともあります。代掻きというのは田植えの前に田に水を入れてトラクターでかき回す作業です。そのとき、田んぼの祝福、お昼の弁当のときには食事の祝福を祈りました。最初の交わりで一言祈ると、そのあとも同じように祝福を祈ったり福音を説明したりしやすくなります。最初にお祈りをしないと、親しくはなってもなかなか福音を伝える機会を得ることが難しくなります。

最初のアドベントからクリスマス・リースを作る会をしました。最初は町役場の産業開発課に晴正さんと君夫さんという知り合いができたので、協力して公民館で行いました。モミの木の枝はあらかじめ用意しておいて、参加者はそれぞれ山に入って材料を集めてきて作りました。二年目か三年目からは、埼玉の草加から八千穂村の別荘地に移住して来られていた祥子さんが、リースの作り方を指導してくださいました。そのうち、リースを作る会は町の行事になり公民館でするようになったのですが、教会は教会でアドベントにはリースを作る会を続けました。公民館であっても、キリストの祭りとしてのクリスマスを南佐久の人たちが意識してくれるのも良いことだと考えました。その後も毎年ずっとモミの木の下枝はもらいました。また、クリスマスツリーにするモミの木は、七年目に会堂が建って以降は毎年、会堂を建ててくれた大工さんの弟の二一《にいち》さんが持ってきてくださいました。

また、公民館活動グループとして「讃美歌愛好会」を作って集会をしたこともあります。公民館では直接伝道はしにくいのですが、「歌は意味を理解して気持ちを込めて歌うことが大事です」と言って讃美歌の歌詞の意味を解説することで福音を伝えました。公民館では卓球、書道、英会話、将棋などさまざまな活動グループがあり、そこでお金がなくても知り合いを作ることもできます。知り合いができたら、家を訪問して個人的にお話ができる関係を作ることが肝心です。

さまざまな機会で知り合いができると、家庭で聖書を読む会を数箇所で数か月～何年間も継続的に持ちました。家庭集会というと、普通はクリスチャン家庭でないとできないと考えるかもしれませんが、必ずしもそうではありません。聖書に関心がある人がいたら、「おうちにうかがってもいいですか？　一緒に聖書を読みましょう。よかったらお友だちもどうぞ」と言って、聖書を読む会をすることができました。教会堂の敷居は高くても、近所の知り合いの家、親戚の家の敷居は低いからです。開催した家は、川上村、南相木村、南牧村、小淵沢です。時間帯は相手に合わせました。農家の場合、冬場はお昼過ぎですが、夏場は夜八時から十時でした。またある家具屋さんは「午前六時から七時がいい」と言うので、その時間に数か月続けたこともあります。家庭集会で何年もかけて聖書を学んでいる人たちの中から救いに至る人がぽつりぽつりと起こされました。家庭集会で学んだ内容は、たいてい福音書中心でした。ベースは自分が過去にした連続講解説教です。

また「指圧の心、母ごころ、おせば生命の泉湧く」で有名な浪越学園を卒業した指圧師のゆかりさんが「私も伝道の役に立てますか?」とおっしゃったので、指圧という共通恩恵を用いて「福音指圧教室」をしたこともあります。夫婦とか親子の二人組でバスタオルを持参してもらって、最初に私が福音紙芝居をしてお祈りをし、指圧師の彼女には指圧を指導してもらいました。また、「子育ての会」を開いて若いお母さんたちに、聖書を開いて子育てを学ぶ会をしたこともあります。この地域において教会形成を志しているのですから、地元に留まって生活していくことを決めている年齢層には意識をして力を入れました。

通信小海

十年前の過ち

牧師　水草修治

見晴台の教会へどうぞ

集会あんない

日曜日　サンデースクール

水曜日

通信19号

とにかく「共通恩恵に特別恩恵を載せて運ぶ」ということで、下手な鉄砲も数打ちゃ当たる式で色々やってみましたが、二十二年間継続したのは家庭集会と月刊「通信小海」の新聞折込でした。「通信小海」は、Ｂ４版を二つに折って四面にし、第一、第二面は社会面として時事的なことを取り上げて、ひとこと聖書的観点から書きました。第三面は聖書の話そのもの、第四面は家庭欄として夫婦、子育てなどについて書きました。新聞スタイルにしたのは、新聞であれば字が詰まっていても抵抗がないからです。名前を「キリスト新報」「福音ナントカ」などとせず、「通信小海」としたのは地域に馴染むためです。大阪の八尾福音自由教会が出している新聞の名が「八尾新聞」としていること、山口陽一牧師が故郷群馬県吾妻町の教会復興のために帰ってから出していた「吾妻通信」が参考になりました。じゃあなぜ「小海新聞」とか「小海通信」としなかったのかというと、真似したと思われたくなかったからです。でもなぜかずっと「小海通信」と呼んでいる教会のメンバーもいました。

この他にも福音のために思いついたら色々やってみました。「風を警戒している人は種を蒔かない。雨雲を見ている人は刈り入れをしない。」（伝道者11・4）とあります。もともと私は消極的な人間なので、「するかしないか迷ったら、する」という原則で、福音のためになんでもやってみた次第です。

学校と子どもたちへの働きかけ

私たちが南佐久に入った春、長男渉は小学一年生、娘苑美は生後三か月で、その三年後、次男誠が生まれました。子どもたちが学校に行っている間は、同級生やそれぞれの家庭、そして学校とも接点を持ちやすい状況があるものです。まずは長男の同級生を集めて、毎週水曜日に子ども会をして福音を伝えるということをしました。この子どもたちは六年生になってクリスマスが近くなった時期、学校で放送劇をすることになり、自分たちでシナリオを作ってクリスマス劇の放送をしたのには驚きました。また、会堂が与えられて場所が移ってからは、家から小学校まで毎朝、妻と犬の小次郎を連れて学校まで散歩をしました。子どもたちと顔見知りになりたいと思ったからです。

娘のクラスで盲導犬の働きについて学ぶ授業がありました。ちょうどそのころ松原湖バイブルキャンプに全盲の牧師と夫人と盲導犬が宿泊したことがあり、うちを訪ねてくださいました。それで、これはチャンスと思って担任の先生にお伝えして、子どもたちに盲導犬の働きを実物で紹介することができました。また、次男のクラスで日本の文化を学ぶということで、「お母さん方でお茶の経験のある方はいませんか？」との呼びかけがありました。妻は神学校時代にお茶を教わっていたので、勇気を出して手を上げました。私は利休の茶道にはキリスト教の影響があるということに関心を持っていたので、簡易の「にじり口」を工作して妻と一緒に学校に行き、子どもたちに茶杓を工作させる体験と、「にじり口」をくぐってお茶の体験を提供するとともに、「にじり口」はイエス様が教えてくださった「狭き門」と関係があることをお話ししました。

また学校では、次男が小学生だった時期の校長先生は読み聞かせを大事にする方で、父母に読み聞かせボランティアを募ってくださいました。読む本は、こちらが選べばよいということでしたので、一般的な絵本の読み聞かせに加えて、マックス・ルケード著『たいせつなきみ』（いのちのことば社）とか『とうもろこしおばあさん―アメリカ・インディアン民話』（福音館）といったキリスト教的なものも読みました。『たいせつなきみ』を読み聞かせたときには担任の先生が感動して涙を流しておられましたが、『とうもろこしおばあさん』の話は少々グロテスクなので、先生も生徒もギョッとしていました。

また、宮村武夫先生が訪ねて来られてうちに泊まられたときには、担任の先生に「童謡説教」をしてくれる恩師として紹介しました。宮村先生は「めだかの学校」「ぞうさん、ぞうさん」といった童謡を子どもたちと一緒に歌って、その歌詞を即興で味わい深く解き明かされました。こんな具合です。

先生「では、みなさん、何を歌いましょうか？」
児童「めだかの学校！」
先生「じゃあ、みなさん、ご一緒に歌いましょう。ハイ！」

♪めだかのがっこうは　川のなか
そーっとのぞいてみてごらん

そーっとのぞいてみてごらん
みんなでおゆうぎしているよ♪

先生「はい、まず、そこまで。
『大切なことは二回、言います。』
この歌を作った人は、伝えたいことを二回言いました。
それは何でしょう。」
児童「『そーっとのぞいて見てごらん。そーっとのぞいて見てごらん。』です。」
先生「そのとおり！『そーっとのぞいて見てごらん』です。
ではなぜ、ばたばた走って行ってのぞかないで、
『そーっとのぞく』のが大切なのでしょう？」
児童「はい！　そうしないと、めだかが逃げちゃうからです。」
先生「そのとおり！『そーっと』のぞくって大事なんだね。
そーっとのぞかないとわからないことがあるんです。
みなさんは、来年はもう小学校を卒業して中学生になりますね。
すると、勉強だとか部活動だとか委員会活動だとか受験だとか、

さらに、上の学校に行ったり、就職したり……と
ばたばたばたばた忙しくなることだと思います。
でも、ときどき、『そーっと』自分の心の中をのぞいて、
心を静かにして、そーっと、自分が生きていること、生かされていることの意味を考え
てみてください。
では、続きを歌って見ましょう。ハイ」

♪めだかの学校のめだかたち
だれが生徒か先生か
だれが生徒か先生か
みんなでげんきにあそんでる♪

先生「ここにも、やっぱり大切なことばがありますね。なんでしょう?」
児童「繰り返しているから、『だれが生徒か先生か』です。」
先生「そのとおり。たいしたもんだね、よくわかりました。
学校というのは、先生が教える人で、生徒は教えられる人ということに一応なっています。

けれども、ほんとうは先生も、生徒のみなさんを教えながら、たいせつなことを教えてもらっているのです。

おたがいに教え、おたがいに教えられながら、成長していく。

だから、先生も生徒を、生徒も先生をお互いに敬《うやま》いあって学びあっていく。

それが大切なんですよ。では、今日はここまで。」


開拓伝道において地域とのつながりを得ることは、とても大事な課題ですが、三人の子どもたちが与えられていたので、ごく自然に地域の子どもたち、そのお父さんお母さんたちと知り合いになっていくことができました。「一般の学校に通わせることは、この世の価値観に自分の子どもたちを晒すことになるから」と怖れて、世から子どもたちを隔離して教育をするクリスチャンの親もいますし、その気持ちは理解できなくはありません。実際、私たち夫婦の子どもたちも、それぞれに神の国とこの世との軋轢を経験して苦労していました。特に田舎では学校行事の中には偶像礼拝めいた習俗が入り込んでいる場合があります。一例を挙げれば、長野市遠足で善光寺に行くと、「戒壇巡り」というものに子どもたちが参加させられます。ところが調べて見ると、それは仏と結縁《けちえん》を結ぶことを意味することだとわかりましたから、親として学校に出かけて、そういうことは丁寧にお断りし、戒壇巡りの間、うちの子は別行動をとることを許していただきました。

バプテスマのヨハネは世を離れて荒野に過ごすことで、自らのきよさを保とうとしました。しかし、天から降られたイエス様は、世に入って来られ世にきよさをもたらしたのです。「光は闇の中に輝いている。闇はこれに打ち勝たなかった。」（ヨハネ1・5）主イエスは、私たちに「あなたがたは天の光、天の塩です。」と言わず、「あなたがたは世の光、地の塩です。」とおっしゃいます。ですから、世から分離するのでなく、当然戦いはありますが、世に入って行ってそこで主を証しするというのが本当ではないかと思います。

また、若い世代とのコンタクトを作り福音を伝えるために、後半の数年間、毎週中学生を相手に学習室を開きました。最初に英語の簡単な賛美歌を歌い、子どもたちの祈りの課題を聞いてお祈りをして、中身に入っていくというやり方でした。中学の教科書とケネス・テイラー（Kenneth Taylor）の『The New Bible in Pictures for Little Eyes』を用いました。この本は日本の中学三年生レベルの英語で書かれていて、用いやすいものでした。また基礎学力向上のために国語（読解と作文）教室をしたら、作文コンクールで表彰される子が出て来たりもしました。時折する聖書の話に心を開くクラスもあれば、無反応なクラスもありました。

南佐久郡では子どもたちは中学や高校を卒業すれば九分九厘、東京などに出て行ってしまいます。「子ども伝道を一生懸命したけれど、みんな東京に行ってしまった」という地方の伝道者の嘆きをときどき耳にしますが、大学も就職先もない地域であれば、若者がその地にとどまらないのは当たり前のことです。いずれいなくなるのは当たり前と覚悟して、それでも主の命令に従って子どもにも伝道をすることが大事だと思います。しかし、田舎で教会形成を志しているならば、いずれいなくなることがほぼ目に見えている子どもにだけ力を入れて伝道するというのは、戦略的にどうかと思います。やはり、その地にとどまることを決めている世代の人々に福音を伝えて、主の羊を呼び出して群を形成することに力を注がねば、教会形成はおぼつかないでしょう。

山谷農場《やまのうじょう》に協力したこと

二〇〇〇年六月、まだ借家で伝道していた頃、藤田寛さんというクリスチャンが訪ねて来られました。藤田さんは大学生時代から山谷の生活困窮者のための炊き出しボランティアをしていて、そのために駆けずり回ってお米を集めていました。農家では、出荷したあと家族で食べる分を倉に保管して一年間で食べるのですが、次の年に新米ができると残った古いお米のやり場に困るということが起こります。それで田畑に蒔いたり、新潟から来るせんべい業者に引き取ってもらったりしていたのです。そういう古米をもらってきて、山谷や新宿で炊き出しに用いるのですが、お米を一時保管するには冷涼な南佐久の倉が役に立ちます。最初、川上村のヨシさんというクリスチャンのおばあちゃんの家の倉を借りていました。藤田さんは月刊「通信小海」を見て、紙上で炊き出しのために倉庫で余ったお米を寄付してくれる人を募ってもらえないかということで、私を訪ねて来られたのです。

そこで、「通信小海」の社会面には、藤田寛さんのフードバンク「山谷農場」という路上生活者のための炊き出し用のお米を寄付してくださいという記事を毎回一段スペースを使って掲載するようになりました。そうしたらお米を寄付してくださる方が次々に現れて、藤田さんは毎年数トンの寄付米を炊き出し諸団体に送ることができるようになりました。また、「山谷農場」で畑を借りて炊き出し用の食材としてのジャガイモ作りをしていて、その収穫の手伝いにも出かけました。数年後、川上村のヨシさんが天に召された後は小海町の高根保育園の旧園舎を倉庫として借りるようになりました。やがて毎年秋十一月には収穫感謝祭を松原湖バイブルキャンプで開くようになり、支援してくださる方たちと、支援を受けている人たちの交流会を開くようになりました。楽しい時で、私たちが小海を去った後も続けられています。

この炊き出し米を集める働きは藤田さんと、お米を提供してくれた農家の方たちがほとんどを担っていたことで、教会がしたのは「通信」による呼びかけと、お米の中継程度にすぎませんが、それでも地域に浸透していた「通信」はかなり役に立ったようでした。こうしたことを通して、地域にいる善意の人たちと出会えたのも嬉しいことでした。また、もしかすると教会というものが少しは社会の役に立っているらしいという良い印象を、地域の人が持ってくださったかもしれません。

「十字架のことば」は愚かである

先に、伝道とは共通恩恵の器に特別恩恵を載せて渡すことであると書きました。しかし、決して誤解しないでいただきたいのですが、特別恩恵を運ぶ伝道のためには共通恩恵はその手段と考えればよいと主張しているわけではありません。そのような姿勢は不適切でしょう。福音を伝えることは、確かに人々を永遠の滅びから永遠のいのちへと招く尊い愛のわざですが、それが至上命令であるからといって、伝道のためには、たとえば炊き出しのような働きはその手段だというのは間違いです。そういう伝道至上主義の考え方をすると、伝道に役に立たないことはすべて無意味になってしまいます。たとえば、もし路上生活者のための炊き出し支援を、単に福音を伝え教会を数的に成長させ、大会堂を建てるための手段だと考えた場合、それは効率的でないからやめてしまえということになるでしょう。

むしろ、こうした社会奉仕は、宣教命令でなく文化命令に対する応答として、神の前で固有の価値があることだと考えるべきでしょう。神は伝道には固有の価値があるとし、また、社会奉仕にも固有の価値があるとなさるのです。アブラハム・カイパーの領域主権論という考え方がありますが、伝道にはその領域における固有の意味があり、社会奉仕にはその領域における固有の意味があるので、一方を他方の手段にしてはならないということです。伝道はキリスト者に対するご命令ですが、神のみこころにかなう社会を形成していくこともまた、キリスト者のもう一つの務めです。飢えている人々を放置するような社会は、神のみこころにかないませんから、炊き出しが伝道に役立とうが役立つまいが生活困窮者を助けることは神の前に意義があるのです。[2]

しかし、他方で社会的な働きに熱心になるあまり、キリストの十字架の福音を曇らせる場合もあるように思います。東日本大震災の時には、地域の人たちを回って物資を集めて小海の教会からも何人か福島に出かけましたが、東日本大震災後、福音派でしきりに言われるようになった「包括的福音理解」という表現には危険があるように思います。安易に福音の意味を拡張することで、社会奉仕の実践がそのまま福音なのだと主張すれば、かつての自由主義陣営の「社会的福音運動」のようにキリストの「十字架のことば」を見失ってしまうでしょう。福音とは、「神に対する悔い改めと主イエスに対する信仰」（使徒20・21）であり、「キリストは……私たちの罪のために死なれたこと、また、葬られたこと、また、聖書に書いてあるとおりに、三日目によみがえられたこと」（Iコリント15・3－4）であり、「十字架のことば」（Iコリント1・18）です。

特別恩恵に関わる「十字架のことば」の宣教と、共通恩恵に関わる社会奉仕・愛のわざとの間には大きな違いがあります。それは愛のわざは共通恩恵に関わる働きなので、世間の人々の目にも価値あることとして映り、表彰状をくれたりすることもありますが、「十字架のことば」の宣教は特別恩恵なので、聖霊を受けていない人々にとっては愚かなことでしかないので拒絶され、時には迫害されることもあるということです。「十字架のことばは、滅びる者たちには愚かであっても、救われる私たちには神の力です。」（Ⅰコリント1・18）使徒パウロは福音を宣べ伝えたゆえに、表彰状をもらうどころか弾圧されました。使徒の働きを読めばわかることですが、福音が語られるなら、悔い改めてキリストを信じる人々と、拒絶しあざける人々に分かれるものなのです。

私たちは神から文化命令を与えられていますから、神のみこころにかなう社会正義の実現のために働くのは良いことであり、それはそれで固有の価値のあることです。しかし、社会的奉仕に励み世間から称賛を得たからと言って、それでキリストの福音を伝えたことにはなりません。福音の宣教は、世間から嘲《あざけ》られ迫害を受けても「十字架のことば」を宣べ伝えることであり、「神に対して悔い改め、主イエスを信じさない」と語り続けることなのです。

1　水草前掲書、第十四章（2）予定理解の重要点を参照（p.343）
2　本書Ⅰ－2「哲学に学んだこと」を参照

6　美しい山河と農業

春を待つ心

開発公社の借家に住み始めましたが、この家は広いのは良かったのですが寒い家で、三月に引っ越して来たら北側の窓は凍結して開きませんでした。近所の人に聞いたら、「あの家は業者が来たと思ったら、あっという間にできちまっただよ。」ということでした。小海町は二月には氷点下17度まで下がります。しかも、家が歪んでいるらしくアルミサッシの窓に隙間があり、押入れの奥の隙間からは光が入ってきましたから、内側からガムテープで塞ぎました。冬の朝、目が覚めると布団に息が当たる部分は霜が降りたようになっています。室内の金魚鉢の水が凍って、金魚が凍死しました。南佐久郡の寒さは北海道並みですが、多くの家は隙間だらけの在来工法なので、練炭で一酸化炭素中毒にならなくて安全な反面、その寒さは尋常ではありません。

信州の生活で「春を待つ心」を知りました。妻とは四季を問わず犬の小次郎、後にはロダを連れて毎朝散歩をしました。雪をかき分けて最初に咲くのは黄色い福寿草です。雪が消えた野を行けば、小さな藍色の花をつけるオオイヌノフグリ、それから名前の通り躍っているようなオドリコソウ、それに似ているけれど踊っていないホトケノザが出てきます。そしてタンポポが咲いて、山にはコブシが白い花をつけ、庭の梅が咲いて、公園のヒガンザクラが咲いて、五月連休の頃にはようやくソメイヨシノが咲いて、ユキヤナギ、コデマリ、レンギョウ、ヤマブキ……と続きます。そして蝶やミツバチがせっせと受粉の手伝いをするのです。また実がみのると、小鳥たちがやって来てその実を食べて、飛んで行きその種を広げていくのです。東京にいたころ、私は花の名前などほとんど知りませんでしたが、信州に住んであちこちの畦道や山道を妻と散歩をしているうちに、妻からいろいろな花の名を教えてもらいました。しばしばキジが出てくる畑もありましたし、カラマツ林でオオルリやキツツキのアカゲラを見たこともあります。三位一体の神が造られた世界は実に多様性に富み、そして互いに助け合う統一性をもっています。[1]

　春の山菜は南佐久郡で暮らす人々の楽しみの一つで、五月になるとうずうずしてきます。地元の人に教えてもらって山に入り、タラの芽、コシアブラ、アサツキ、コゴミなどを妻と一緒に取りに行きました。一番便利な食べ方は天ぷらです。私は信州に住むまで、こういう山菜の天ぷらは食べたことがありませんでした。特にタラの芽の天ぷらは御馳走、春の楽しみです。また、きれいな水のあるところに生えるアサツキというのは甘くてシャキシャキとして最高においしいネギの一種なのですが、土や落ち葉をきれいにして食べられるまでにするのがなかなか大変で、地元の人が「奥さんの旦那さんへの愛情がわかる」と言う山菜です。

また、毎日のように一緒に散歩しながら妻といろんなことを話したことは、図らずも夫婦が相互に深く理解するためにも良いことでした。牧師夫婦のコミュニケーションが悪く、信仰の一致がなくては、教会形成はおぼつかないでしょう。特に、面白がってお互いの子ども時代の失敗だとか悲しかったこととかの話をしたことは良かったと思います。それぞれ家庭環境が違えば、その価値観やふるまいも違うものだと知りました。また、幼い頃の相手を知り、思い浮かべると、よりいとおしさが増してくるものですし、相手が悲しいと思うこと、憤りを感じること、嬉しいと感じることがどういうことなのかを、おのずと深いところで知ることができるようになります。そうすると、不必要な誤解をすることがなくなります。

田植えの話

一九九四年の三月に引っ越して来て、篠田牧師の紹介で八那池の公夫さん・恵子さん夫妻と知り合いになりました。五月になったら代掻きをするというのです。代掻きというのは田んぼに水を入れてから、トラクターで田んぼを掻きまわす作業です。代掻きをすると、田んぼの水漏れを防ぎ、表面をならすことで、稲がむらなく育つようになるのです。面白そうなので、手伝わせてもらいました。慣れない作業でしたが、真っ青な空の下、見晴らしの良い田んぼでの作業で、楽しい思いをしました。麦わら帽子をかぶった奥さんがお昼の弁当を持ってきてくださって、いろいろと話しました。ご主人はチェロを奥さんはフルートをするそうで、佐久室内管弦楽団のメンバーなのだとうかがいました。

労働力として私が役に立ったとは思えませんでしたが、「お礼に」といってシイタケの原木を二本いただきました。シイタケの菌を埋め込んであるので、濡らしてから日陰に置いてしばらくおけばシイタケが出てくるというのです。家に帰って二週間ほど待っていたら、ニョキニョキと肉厚のどんこシイタケがたくさん出てきました。焼いて醤油を付けて食べたら最高に美味しいので、近所に配って回りました。私は、シイタケは原木からいくらでも出てくるものだと思い込んでいたのですが、一定数採るともう出なくなってしまいました。さらに秋になったら何キロかお米までもらって、恐縮してしまいました。二〇二二年の五月、懐かしい小海キリスト教会に招かれて礼拝奉仕に出かけたら、公夫さんが参加していて、「先生にもらったこの本、毎日読んでますよ。」と言って、読み古した小畑進著『きょうの祈り』を見せてくださったのは嬉しいことでした。

また、引っ越して来て役場で最初に知り合って小海の美しい所を案内してくださった本間の敦さんの田植えを手伝うために、ホームセンターでゴム製の深緑色の田んぼ足袋というのを手に入れて張り切って出かけました。ちょうどそのころ流行っていたアニメ「忍者タートルズ」の深緑色の靴が田んぼ足袋そっくりでした。ところが、実際に田んぼに入ってみると、田んぼ足袋はあまり具合がよくありません。裸足になって入るほうがずっと具合がいい。一歩二歩と進むと、泥が足の指の間をニュルニュル、ニュルニュルとすり抜ける感触が気持ちよくて、自律神経が落ち着くという感じでした。農業体験をすると、心病んだ人が癒やされるということがあるのは、こういうことかもしれないなあと思いました。こんなふうに色々なことを地域の人と一緒にやってみて溶け込みたいと思いました。

農業への関心

二年目には町が家庭菜園用地として貸してくれた30坪ほどの農地を耕してみました。三年目から七年目は200坪ほどの畑を家のすぐ近くで無料で貸してもらえたので、小渕内閣の地域振興券で中古の耕耘機を手に入れて色々なものを作るようになりました。ナス、キュウリ、トマト、シシトウ、トウモロコシ、枝豆、ミニトマト、ダイコン、ハツカダイコン、モロッコインゲン、ドジョウインゲン、ツルナシインゲン、ズッキーニ、サツマイモ、ジャガイモ、春菊、ホウレンソウ、小松菜、冬菜、アマランサス、カボチャ、小玉スイカ、ネギ、たまねぎ、ニンジンその他です。うまくできたこともあれば、できなかったこともあります。

小学生、保育園児だった三人の子どもと一緒にジャガイモの種芋を埋めたことがあります。「なんでおいもを地面に埋めてしまうの？」と聞かれて、「それはね、こうして埋めておくと、夜の間にイエス様が来ておいもを増やしてくれるからだよ。」と教えながら、『ピノキオのキツネとネコは逆だったなあ』と思ったものでした。収穫のときには、「ほんとにイエス様がおいもをふやしてくれた！」と喜んで収穫をしました。

自分で種や苗を買ってくるのはわずかで、「苗が余ったのあげるよ」といって、知り合いの人が分けてくれるのを植えているうちに二十種類ほどになりました。福岡正信著『自然農法 わら一本の革命』とか赤峰勝人著『ニンジンから宇宙へ』など自然農法に関する本を面白がって何冊か読んで、真似をしようとしましたが、うまくいきませんでした。農業というのは、それぞれの風土に合い、さらに一枚一枚の田畑の条件に合った作り方があるので、地元の人に教えてもらうのが手っ取り早いようでした。例えば五月初旬「やっと春が来た！」と嬉しがって植え付けをして、五月の遅霜《おそじも》が降りて苗が全滅したことがあります。「五月第三日曜日の佐久の小満祭を待って植える」というのが地元の人々の知恵でした。また有機農法で野菜を作って、自分たちで販売する「こうみゆうきちゃん倶楽部」というのに入れてもらって、ほんの少し出荷したり、売り子をしたこともありました。農業・安全な食・環境問題などを考えている方たちと知り合いになって、いろいろ教わることができたことも楽しい思い出です。

南佐久郡は夏場の冷涼な気候を生かして、レタス、白菜、キャベツ、グリーンボール、野沢菜

などを、全国に出荷していて有名です。しかし、こうした大規模農家はみな連作障害に苦しんでいるのも事実でした。農政の方針は、地域ごとに特産品を作らせる「産地主義」です。産地では同じ作物を毎年作りますから、技術は進歩しブランド力を持つようになりますし、農業機械もその特産品用のものだけ持っていればよいので経済効率が良いわけです。けれども、土というものは同じ種類の作物を植え続けると、生育が悪くなったり枯れたりする連作障害が起こります。前に作った野菜と使用した肥料により、土壌中の成分バランスが悪くなって、病気が発生しやすくなっているからだそうです。見渡す限り毎年レタスとか、見渡す限り毎年白菜とかいうのは壮観ではありますが、神が造られた自然界には多様な植物が混ざって生え、様々な虫や動物たちもそこで支え合って暮らしているものです。ですから、「見渡す限り毎年同じ作物」で動物も虫もいないというのは、実は神様の摂理に反した状態であるわけです。とはいえ、一億二千万の人々のお腹を満たすための大量の作物を作るには、こうした大規模な化学農法によらざるをえないとも言われます。難しいところ

です。
私も庭先の小さな畑でトマトやナスを作っていたら、最初の一、二年は良かったのですが、三年目から連作障害にやられてしまいました。せっかく大きく育った青いトマトが、赤くなり始めるとお尻が黒く腐ってしまいます。尻腐れ病といいます。トマトはナス科なので、トマトのあとにナスを植えても連作になるのです。輪作をして系統の違うものを植えるとか、休耕をするとか、有機資材で土壌のバランスをとるといった工夫をする必要があります。レビ記25章にある七年ごとの安息の年の定めをなるほどと読み直しました。また、やはり三位一体の神が造られた世界は統一性だけでなく多様性が大事なのだと思わされたことです。

創世記2章15節には「神である主は人を連れて来て、エデンの園に置き、そこを耕させ、また守らせた。」とあって、創造主が人間にお与えになった最初の産業は農業であると記されています。農業は最も由緒ある産業であり、それは「地を耕し、守る」ことだと記されています。私の理解では「耕す」というのは土の世話をしてその力を引き出し利用することであり、「守る」というのは土を保全することを意味しています。[2] 利用するだけでなく、保全することが大事なのです。

これは先生の松茸です

南佐久郡は美しいカラマツの林が多いのですが、これらは皆、おじいちゃん、おばあちゃんたちが少年少女の時代に植林をしたもので、以前は大方がアカマツ林だったそうです。なぜカラマツかというと、植林した当時は早く真っすぐに育つカラマツ材が電柱や足場で多く用いられたからです。今日では電柱はコンクリートに、足場は鉄になってしまいましたが。というわけでアカマツ林はわずかになってはいますが、アカマツ林では松茸が採れるので、季節になると町村民は山に入る権利を役場で買うのです。でもそうして山に入っても、素人には松茸はほとんど見つかりません。松茸はたいてい降り積もった松葉の下に隠れているものなので、香りはすれども姿は見えないのです。松茸の採れるポイントはわが子にも教えないものだそうで、「父ちゃん、とうとう松茸の採れる場所を教えないまま死んじまっただよ。」という話を何度か聞かされました。

十月の初旬、午前十時ころだったか、知り合いの新井夫妻が訪ねて来られたことがあります。ご主人はもともと小海川平の出身で、今は結婚して佐久市に暮らしている人です。「先生、今日は夫婦で松茸採りに来ました。」ということでした。そこで、私は「じゃあ、祈ってあげましょう。」と言って、「神様、お二人はこれから松茸を採りに山に入ります。たくさんの松茸が採れるように導いてください。イエス様のお名前によって祈ります！」と気合を入れて祈りました。

その日の午後三時すぎ、ご夫妻が帰り道、またうちに立ち寄ってくれました。「これは先生の松茸です」と、にこにこしながら立派な松茸を一本差し出してくださいました。なんでも「先生に祈ってもらって山に入って、松茸の香りがするところを見まわしていたら、つるっと転んで手をついたら、松葉の下に手ごたえがあって、この松茸があっただよ。だから、これは先生のだよ。」というのです。そのあと次々に見つかったそうで、ホクホク顔でした。

その日は土曜日で、次週の月曜日に「日本福音土着化研究会葦原」の友人たちが来たので、その松茸を裂いてみんなで七輪で焼いて少しずつ分けて食べました。いい香りがします。松茸など口に入ることのありえない「貧しい者は幸いです」を地で行く幸いな主のしもべたちが、「へー、これが松茸か。初めて食べるなあ。」と言って喜んでいました。

毒キノコ事件

カラマツ林にたくさん生えてくるキノコとしては、南佐久ではジコボウと呼ばれるものがあります。図鑑で見るとイグチとあります。特徴は栗色の傘の裏側が黄色いスポンジのようになっていて、味噌汁などに入れて食べると、味はあまりしませんが、つるりつるりという食感を楽しめます。また地元ではツカミタケという大きな傘をしたキノコは、傘をバターで炒めて食べるとおいしいと聞いたので、いつか食べようと思いながら、残念、食べずじまいです。神はこのように被造物を良きものとしてお造りになりました。しかしアダムの堕落以来、地はのろわれて人に敵対して茨とあざみが生じるようになりましたから、現状の被造物世界には祝福とのろいが混ざっているのです[3]。春に出るギョウジャニンシクはおいしい山菜ですが、よく似たサフランを食べると危険です。キノコにもしばしば毒があります。一度、「これでぼくの牧師生命は終わった」と思った事件がありました。

　聖嗣さんと金世さんという高齢のクリスチャン夫妻が、会堂が建って四年ほどした頃から隣の町から集われるようになりました。もとは神奈川県に住んでいらしたそうです。毎主日礼拝と水曜昼の祈り会にも必ずお二人で来られる忠実なご夫妻でした。けれども祈り会に来られると、毎週のようにご主人が自分たちはいかに仲が悪いのかを一生懸命説明なさるのです。なんでも若い時にある出来事があって以来、自分は心を閉ざしてしまい、そのために教会に通うことも心が責められて、二人とも教会に通えなくなって長い年月が経ってしまったそうです。けれどもある日、教会から手紙が届いて、それを機会にお二人は教会生活に復帰したのだそうです。でもお二人は相変わらず仲が悪いというのです。奥さんは毎回その話を黙って聞いていました。私は、お二人は仲が悪いと言いながら、いつも一緒にいるなあと思っていました。

　ある秋口の土曜日、松原湖バイブルキャンプの神村さんから電話がかかってきました。「先生。ハナビラタケが出ましたよ」と。ハナビラタケというのは、マイタケに似たキノコなのですが、真っ白でマイタケよりも癖がなく美味しいキノコです。それでさっそく松原湖に出かけて、もらって来ました。30センチ×20センチほどの大きな株です。その晩、家族で一部分を切り取って食べて、とっても美味しかったので、翌日の礼拝のあと兄弟姉妹に分けてあげました。みんなが帰って三十分ほどたった時、電話が鳴りました。受話器を取ると、聖嗣さんが「先生。キノコにあたった！」というのです。その向こうから、奥さんの変な声も聞こえてきます。救急車はすでに呼んだと言います。『私たち家族が食べても何ともなかったのに、なぜ？』と思いましたが、とにかくキノコを分けてあげた兄弟姉妹には食べないようにと電話をかけると、車に飛び乗って国道を20分ほど走らせました。ご夫妻の家に到着すると、二台の救急車がすでに到着していて、私の到着と同時に一台はご主人を乗せて発進しました。

私は救急隊員に「お二人が通っている教会の牧師です。私があげたキノコはハナビラタケで、昨晩家族でおいしく食べて何ともなかったんですが。」と言うと、「牧師さんですか。いや、牧師さんからもらったキノコは冷蔵庫に入っています。二人が食べたのは、庭に生えていた別のキノコです。それよりも、奥さんがいくら言っても車に乗ってくれないので、説得してください。」と言います。奥さんに会ってみると、幻覚を見ている様子で、「私はもう死にました。私が悪いんです。主人を助けてください。」と言うのです。それを色々説得して、とにかく救急車に乗せ、私も車で追いかけました。

佐久総合病院に到着すると、救急救命室でした。三つベッドが並んでいて、一番窓際に聖嗣さん、入口近くに奥さんが寝かされ、真ん中には知らない人が寝かされています。すると、日頃から大きな声の聖嗣さんがいつもにまさる大きな声で、奥さんの名を呼んで「金世、愛してるよー。先生、私は天国に行くから大丈夫です。家内を助けてください！」と叫びます。奥さんは「私が悪いんです。私はいいですから、主人を助けてください！」と叫びます。医師と看護師たちがニヤニヤ笑っています。医師によれば、「毒キノコで幻覚を見ていらっしゃいますが、一晩眠れば大丈夫です。」とのことでした。私は息子さん、娘さんたちに電話連絡をしました。

翌早朝、病棟に行くと、息子さんたちも来ていました。すると医師が「奥さんは、すっかり覚めたのですが、ご主人が、まだ覚めないのです。」と言うのです。それで私が聖嗣さんと話してみると、いつもの聖嗣さんでした。彼はいつも天国の話ばかりする人なので、医師は聖嗣さんがまだ幻覚を見ていると思ったのです。息子さんは「なんだよ。夫婦仲が悪いと思って、俺たちはずっと心配していたのに、何が『愛してるよ』だ。心配して損をした。」と話していました。この毒キノコ事件以来、ご夫妻は仲良くなられ、キリストの香りを放って歩んでおられます。こういうのを摂理というのですね。[4]

神を愛する人たち、すなわち、神のご計画にしたがって召された人たちのためには、すべてのことがともに働いて益となることを、私たちは知っています。（ローマ8・28）

遣わされた地を楽しむこと

春の山菜、田植えの手伝い、そしてキノコのことを書きましたが、夏の山散歩では桑の実を拾いに行きました。真っ黒に熟した桑の実を集めて妻はおいしい桑の実のジャムを作ってくれました。また、秋の散歩で栗の実を見つけると、散歩そっちのけでひたすら欲張り爺さんと欲張り婆さんになって、山栗をしこたま集めました。

私は思うのですが、神様によって遣わされた地で息長く伝道するためには、その遣わされた地の風土と人々との出会いと交わりを喜び楽しむことが、とても大切です。使命感だけではしんどくなってしまうでしょう。

1 水草、前掲書、第五章「聖定・創造・摂理」6「被造世界の特徴—統一性と多様性と時間性」を参照。
2 水草、前掲書、226–228頁を参照。
3 水草、前掲書、第十章「罪と悪魔と悲惨」3「悲惨—対自・対人・対被造物」(3)「対被造物関係の悲惨」を参照。
4 水草、前掲書、第七章「摂理(配慮)」3「統治」を参照。

7　家庭集会

主の羊は主の声に聞き従う

世間の人々にとって、教会堂の敷居は非常に高いようですが、近所の親しい友だちや親戚の家の敷居をまたぐのは容易なことです。また、自分の家のコタツに誰かが来てお茶を飲みながら話をしていたら、そこには加わりやすいでしょう。家庭集会で救いに導かれた方々を紹介したいと思います。

発端は、最初に洗礼を受けたゆかりさんの母である二枝さんの家庭集会でした。その月例の家庭集会には、数名の人が出席してくださいましたが、その中に奈良から野菜農家にお嫁にきた美樹さんがいました。美樹さんは大学一年の夏休みに野菜農家のアルバイトに来て、そこで見染められてそのまま大学を中退し、農家に嫁いできたという女性でした。美樹さんはその集会に集っているうち、教会の礼拝にも出席するようになって数年して洗礼に導かれました。

自分が家庭集会で導かれた経験をした美樹さんは、ご自分の家庭でも集会をしたいと願うようになり、夫の博彦さんに許可をもらって家庭集会が始まり、近所の人たちが集うようになりました。博彦さんは最初は聖書に関心がなかったのですが、娘さんが島根県のキリスト教愛真高等学校で学ぶことになったことがきっかけになりました。学校の玄関を入った所に掲げられていた「真理はあなたがたを自由にする」というイエス様のことばを見て、博彦さんは「真理とはなんだろうか?」と考えるようになり、家庭集会で聖書を学び始めたのでした。毎週木曜日夜の家庭集会は秋に始まり、冬も春も、そして農家が滅茶苦茶に忙しい夏も続けられました。こうして博彦さんは聖書は神のことばであり、イエスこそ生ける神の御子キリストであるという確信が与えられ、毎主日礼拝に通うようになっていきました。ご夫妻は、今では教会を支える大事な柱になってくださっています。

田舎では人間関係が濃密で、ある年、博彦さんが体を壊し手術したときには、地域の仲間たちが入れ替わり立ち代わり畑を手伝ってくださり、その年の収穫も得ることができました。ありがたい共同体だなあと感心しました。けれども濃密な人間関係であるだけに、異教的習慣に線を引いてキリストの弟子として生きることには、相当の覚悟が求められます。「イエス様を信じたら何もかもうまくいきますよ。」などと安易なことを言うことはできません。主イエスは言われました。「わたしが来たのは地上に平和をもたらすためだ、と思ってはいけません。わたしは、平和ではなく剣をもたらすために来ました。わたしは、人をその父に、娘をその母に、嫁をその姑に逆らわせるために来たのです。そのようにして家の者たちがその人の敵となるのです。わたしよりも父や母を愛する者は、わたしにふさわしい者ではありません。わたしよりも息子や娘を愛する者は、わたしにふさわしい者ではありません。自分の十字架を負ってわたしに従って来ない者は、わたしにふさわしい者ではありません。自分のいのちを得る者はそれを失い、わたしのために自分のいのちを失う者は、それを得るのです。」（マタイ10・34－39）

　家庭集会では福音書を最初から、このような厳しい箇所をも避けないでじっくり読んでいきました。そうして、キリストを信じることには、永遠のいのちという特権ばかりでなく、キリストを信じるゆえの苦しみも覚悟することも共に学んだのです。主はすべての人に福音を伝えることを求めましたが、同時に、キリストのシンパでなくキリストの弟子を育てなさいとお命じになりました。たとい厳しいことばであっても、その人が主の選びの羊であれば必ずキリストの声を聞いて、その後について来るものです。主イエスは言われました。「門番は牧者のために門を開き、羊たちはその声を聞き分けます。牧者は自分の羊たちを、それぞれ名を呼んで連れ出します。羊たちをみな外に出すと、牧者はその先頭に立って行き、羊たちはついて行きます。彼の声を知っているからです。しかし、ほかの人には決してついて行かず、逃げて行きます。ほかの人たちの声は知らないからです。」（ヨハネ10・3－5）もし主のみことばを水増しすると、教会は主の羊の群れでなく動物園になってしまいます。

　山梨県小淵沢の隆之さん・亜紀さん夫妻の家庭集会に野辺山高原を越えて出かけることには、

四季折々の楽しみがありました。途中にシカたちが群れている原っぱを見ながら進むと、雄大な八ヶ岳を右手に眺め、前方南には富士山が見えました。ご夫妻は三浦半島の方から移住して来られ、アウトドアの仕事をする方でした。奥さんの亜紀さんはすでにクリスチャンで、夫の隆之さんは未信者で、そこに近所の田中さん親子も一緒に集ってみことばに耳を傾けました。何年か学ぶうち、隆之さんは教会に通われるようになって洗礼に至り、田中さんも後に小淵沢の教会で洗礼を受けられ感謝でした。

ある主日のお昼、亜紀さんが別室で会計奉仕をしているので、私が「隆之さん、先にお昼食べましょう」と言うと、「いや、先に食べたら亜紀さんに怒られるよ」と言うのです。それでも私が「大丈夫ですよ」と勧めたので、隆之さんは食べました。すると、そのあと会計が終わって亜紀さんが戻ってくると、「あー、先に食べちゃったの」と隆之さんに怒っていました。「ほら、怒られたでしょう」と隆之さん。どうやら「食事は必ず一緒にする」というのはご夫妻の大事なルールだったようで、私は悪いことをしました。

家出人教会にならないように

家庭集会を大事にしたいと思った背景には、教会が「家出人」の群れにならないようにと考えがあったからでもあります。練馬での伝道の在り方を振り返ると、宣教師・牧師は教会に集っている信徒の家族と面識がまるで無いというケースがままありました。クリスチャンになった本人（妻）が、夫が牧師に失礼なことを言うのではないかと恐れて家族に会わせたくないと抵抗を示すこともありますが、それでもなんとか会えるようにしたいものです。

家族が猛反対である場合には、家出人的にならざるをえないケースは確かにありますが、本来的には、ピリピの町でリディアが回心したら彼女の家の人たち全部に福音が伝えられ、牢屋の看守が回心したら彼の家族全員に福音が及んだようであるのが理想でしょう。大洪水のとき、神はノアとノアの家族を箱舟に導き、ソドム滅亡のときには、神はロトとその家族を救出しようとされたように、神は家族という単位を大切にしておられます。仮に最初は「一本釣り」であったとしても、牧師としてはなるべくそのご家族全員とコンタクトを取るように努めることが大事だと思います。

もし家庭の主婦が教会に来始めて、やがて信仰を持ち洗礼を受けようという段になって、いきなり「私、洗礼を受けます」と夫に宣言をして、以後、家族の中で一人だけ教会中心の生活をするようになったら、夫と他の家族側から言えば、教会とキリストは敵になってしまうでしょう。また、妻が自分よりも牧師を信頼しているということになったら、夫のうちに嫉妬の感情が湧くかもしれません。そうならないために、一人の求道者の背後にはご家族がいることを意識して、牧師はなるべく家族と早く会うように努め、少なくとも一般的な意味で信頼されるようになることが大切だと思います。夫が「妻が教会に行くようになって迷惑している」と言うのでなく、まずは「妻が教会に行くようになって、以前よりもずっと家庭が穏やかになった。俺はまだ信じないけどね。」と言うようになることが望ましいのです。

このように家族から一人がキリストに導かれたら、やがて家族みんなにキリストの福音の祝福をもたらすような伝道と教会形成をしたいと考えました。もちろん常に理想通り行かない場合もあって、イエス様がおっしゃったように、信仰告白をめぐっては「人をその父に、娘をその母に、嫁をその姑に逆らわせ」(マタイ10・35)ということにならざるを得ないことはありますが、それが当たり前という考え方はしないことにしていました。

得てしてありがちなことは、真の神を知らずにむなしい人生をたどっていた人が、真の神に出会い、自分の人生の目的が神の栄光を現わすことであると知ると、なんだか自分が偉い人間になったと錯覚して、神を知らない家族を見下げるという場合があります。若い日の私自身がそうでした。しかし、こうした態度は最もキリストの証しにならないことです。むしろ真の神を知ったゆえに、自分がどれほどこれまで家族に対する愛が欠けていたかを知って悔い改めることこそ、キリスト者としての証しのスタートです。

創造の事実が共通恩恵[2]

　未信者と信者を結ぶのは共通恩恵であり、それを器として特別恩恵である福音を伝えるのだと先に書きました。では、未信者と信者に共通する根本的な事実は何かと言えば、創造の事実、つまり両者とも創造主の作品であるということです。

　川上村の恵子さんの家では、一毛作目の収穫と二毛作目の植え付けが重なる猛烈に多忙な夏が過ぎ、秋になって人心地がつくと、毎年一回か二回、中国からの研修生を十名くらい集めて家庭集会をしました。川上村は日本一のレタスの産地で、その収穫のために当時中国の東北地方から研修生が来ていました。半年間一緒に働いた彼らに何とかして福音を伝えたいという願いを恵子さんは持ったのです。相手は中国人ですが、私に与えられた伝道者の召しのことばは「あらゆる国の人々を弟子としなさい。」ですから、挑戦することにしました。大学受験で漢文を結構好んで学んだので、何とかなると思ったのです。私はヨハネ福音書３章16節を中心に、「神とは創造主であること」「人間の罪」「神の御子キリストの十字架と復活」「信仰による救い」という説明を、漢文式に書いて説明しました。また、讃美歌４６１「主我を愛す」の歌詞を解説することによって伝道したこともあります。中国にも「耶穌愛我」という同じ讃美歌があるからです。ユーチューブでも検索できます。歌詞の内容の前半はおおよそ重なっています。

耶穌愛我　我知道　因有聖經告訴我
凡小孩子主牧養　我雖軟弱主強壯
主耶穌愛我　主耶穌愛我　主耶穌愛我　有聖經告訴我
耶穌愛我捨生命　將我罪惡洗乾淨
天堂恩門為我開　讓祂小孩走進來
主耶穌愛我　主耶穌愛我　主耶穌愛我　有聖經告訴我

中国の東北地方から来た研修生に伝道をすると、たいてい十人に一人くらいはクリスチャンがいて手伝ってくれました。やはり中国には一億人程度のクリスチャンがいるというのは本当だと思いました。中国人が日本人と決定的に違うなあと思ったのは、彼らが創造主である神の存在はすぐに受け入れられるということでした。精巧に作られた時計を見れば、その設計者・製作者がいることが自明であるように、お花であれ人体であれこの世界の見事な仕組みを見れば、創造主の存在は自明であると説明すると、彼らはすぐに「その通りだ」と納得しました。パウロが「神の、目に見えない性質、すなわち神の永遠の力と神性は、世界が創造されたときから被造物を通して知られ、はっきりと認められるので、彼らに弁解の余地はありません。」（ローマ1・20）と言っているとおりです。その創造主の御子が二千年前に人となって来られたイエスであるということにはいろいろな説明が必要ですが、創造主の存在はすぐにわかるのです。集会の終わりには、日中共通の歌として「耶穌愛我」とともに「北国の春」を歌いました。楽しい時でした。ちなみにこの歌の作詞者いではく氏は、南佐久郡南牧村海尻の出の人です。「白樺、青空、南風、こぶし咲くあの丘、北国のあゝ北国の春」という歌詞はまさに南佐久の春ですが、中国の東北部から来た青年たちはそれぞれ自分の故郷を思い浮かべていたのでしょう。

ところで、中国人と違って日本人の多くは創造主の存在すらわからなくなっているのは、なぜなのでしょう。自分自身を振り返れば、幼いころ家にあった子ども用の図鑑に、はだかんぼうで尻尾の生えた毛深いオジサンたちが焚火を囲んだ絵がありました。ほとんどの日本人が創造主を見失っているのは、進化論を用いた無神論教育が、学校でもＮＨＫを通しても徹底的になされているからであると私は考えています。東京基督神学校に出講したとき、ある中国人留学生が言いました。「確かに中国人は日本人よりはるかに創造主のことが受け入れやすいのです。けれども、近年では高等教育で無神論・進化論を吹きこまれるにつれて、知識層で創造主の存在すらわからない人々が増えています。」川上村に来ていた農村地帯の青年たちは、まだそういう高等教育の「洗脳」を受けていなかったのでしょう。

日本はこういう状況なので進化論を正面から扱うと、生命の自然発生説はパスツールが否定したとか、化石には中間種がないとか、進化論の年代決定は循環論法であるなどという面倒な議論をしなければなりませんし、キリスト者であっても有神論的進化論を信奉する人たちが相当いるようなので[3]、もっと身近な方法で創造主を伝える方法を用いました。人体の仕組みについて学ぶのです。私はたいてい家庭集会では福音書の味読に入る前、毎回10分ほどの短い時間、堀越暢治著『人体の不思議発見』というテキストを用いました。これは耳の仕組み、眼の仕組み、心臓の仕組み、免疫の仕組みといったテーマを、カラーの精密な図を用いて説いたもので、きわめて説得的に知性ある創造主が実在することを示すものです。神の存在が哲学的観念の話でなく、「ああ、この私の耳も目も手も足も今鼓動している心臓もすべてが、創造主の作品なのであり、私はこのお方に生かされていて、そのお方が聖書で語っているのだ。」とリアリティをもって知ることができます。

川上村の畳屋のおじいちゃんに、この本を用いて神様のことを紹介したことがあります。「おじいちゃんは、人の家に作ってあげた畳のことが、『そろそろ畳表を裏返す時期に来ているから、裏返してやりたいなあ。そうすれば長持ちするのになあ』と気になるでしょう」と言うと、お爺ちゃんは「うん。気になるよ」と。「おじいちゃんを造ってくださった神様は、おじいちゃんのことが気になって仕方ないんですよ。それが、神様がおじいちゃんを愛しているということです。」と話をしたら、「それは胸に落ちた！」とおっしゃいました。その後の学びで、おじいちゃんはイエス様を救い主として受け入れました。

1 水草、前掲書、第十四章「救いの順序」2「救いの順序」(2)「予定理解の重要点」を参照。
2 水草、前掲書、第六章「創造記事と進化論」2「有神論的進化論」を参照。
3 水草、前掲書、第六章「創造記事と進化論」を参照。

8　開拓伝道の経済

旧新約一貫する教会の経済原則

開拓伝道の経済的必要はどのようにして満たされたかは、生々しくもあって、あまり語られない面なのかもしれませんが、本気で開拓伝道を志す人々には必要なことなので、ここに記しておきます。キリスト教会には、牧師が伝道以外に副業を持つことを潔しとしないという雰囲気があります。それは副業にとらわれて神の召しをおろそかにするという罠から伝道者を守るためでもあり、意味のあることです。とはいえ、伝道者とその家族は霞を食べて生活するわけにはいきませんから、もしこの伝統を墨守するならば、本国の教会からの支援のある宣教師の入らない農村地域はいつまでも見捨てられたままとなるでしょう。そこで、私は聖書から異邦人伝道の経済原則を学び、この原則に立って南佐久に教会開拓を進めました。

旧約時代は主の幕屋・神殿の御用に専念するために召されたレビ人には相続地が無かったのですが、その働きができたのは、イスラエルの民の神への十分の一の奉献物によって生活をするように定められていたからです。「それは、イスラエルの子らが奉納物として主に献げる十分の一を、わたしが相続のものとしてレビ人に与えるからである。それゆえわたしは、彼らがイスラエルの子らの中で相続地を受け継いではならない、と彼らに言ったのである。」（民数記18・24）とある通りです。新約時代においても、主は牧師・伝道者が福音の働きから生活の支えを得るという原則を述べておられ、使徒パウロもそれを確認しています。「モーセの律法には『脱穀をしている牛に口籠をはめてはならない』と書いてあります。はたして神は、牛のことを気にかけておられるのでしょうか。私たちのために言っておられるのではありませんか。そうです。私たちのために書かれているのです。なぜなら、耕す者が望みを持って耕し、脱穀する者が分配を受ける望みを持って仕事をするのは、当然だからです。私たちがあなたがたに御霊のものを蒔いたのなら、あなたがたから物質的なものを刈り取ることは、行き過ぎでしょうか。……（中略）……あなたがたは、宮に奉仕している者が宮から下がる物を食べ、祭壇に仕える者が祭壇のささげ物にあずかることを知らないのですか。同じように主も、福音を宣べ伝える者が、福音の働きから生活の支えを得るように定めておられます。」（Ｉコリント9・9−11、13、14）

この経済原則は、旧約時代の神の民が律法に従ったので可能だったように、新約時代でも忠実な神の民（教会）が形成されたならば、実行可能です。実際、今日、多くの教会では信徒が神にささげたものによって、神は牧師家庭の生活を支えておられます。しかし、新約時代は異邦人宣教の時代です。教会がないところにゼロから宣教を始めた使徒パウロはどのようにして、その開拓伝道のための資金を得たのでしょうか。パウロは三つのことを述べています。

パウロの開拓伝道の経済原則

第一に、パウロは行く先々でテント作りをして生計を立てて伝道したとあります。主イエスの教えと違って、当時のユダヤ教のラビたちは、律法を教えることから報酬を得てはならないとしていました。ですからラビたちは、律法を学びながら自ら手に職をつけたそうです。それでパウロはテント作りという技術を持っていたので、行く先々で必要に応じてテント作りをしながら伝道することができました。コリントでは、「パウロは二人のところに行き、自分も同業者であったので、その家に住んで一緒に仕事をした。彼らの職業は天幕作りであった。パウロは安息日ごとに会堂で論じ、ユダヤ人やギリシア人を説得しようとした。」（使徒18・2−4）とあります。しかし、パウロは自分の本務は福音宣教だとわきまえていましたから、「シラスとテモテがマケドニアから下って来ると、パウロはみことばを語ることに専念し、イエスがキリストであることをユダヤ人たちに証しした」（同18・5）のです。

ただし、コリントでパウロが伝道しているときには、教会の中に「パウロが教会の人々から金銭をだまし取っているのだ。」という不埒な誤解をする人々がいたので、報酬を受けることが福音宣教の妨げにならないために、パウロはテント作りの収入とマケドニアの諸教会からのサポートで生活し、コリント教会の信徒たちからは報酬を一切受け取りませんでした。エペソでも同じような事情があったようです（使徒20・33－35参照）。後に、パウロは自分がコリントを去ってから、上述した第一コリント9章にあるように教会の経済原則は本来、霊的なものを受けた信徒たちは、伝道者を物質的なもので支える務めがあることを、律法と主イエスの教えを根拠として教えたのです。

第二は、パウロが私財を投じたことです。「私は、あなたがたのたましいのために、大いに喜んで財を費やし、自分自身を使い尽くしましょう。私があなたがたを愛すれば愛するほど、私はますます愛されなくなるのでしょうか。」（Ⅱコリント12・15参照）パウロは生まれながらのローマ人であったことが示すように経済的に余裕がある家の人だったのでしょう。彼はローマでは「まる二年間、自費で借りた家に住」（使徒28・30）んで伝道したと記録されています。

パウロの開拓伝道の資金源の第三は、すでに述べましたがパウロの宣教の働きを理解し、そのために祈りささげる諸教会からのサポートでした。パウロはピリピ教会の兄弟姉妹に宛てた手紙の中で、働きをサポートしてくれたことを感謝しています。「それにしても、あなたがたは、よく私と苦難を分け合ってくれました。ピリピの人たち。あなたがたも知っているとおり、福音を伝え始めたころ、私がマケドニアを出たときに、物をやり取りして私の働きに関わってくれた教会はあなたがただけで、ほかにはありませんでした。テサロニケにいたときでさえ、あなたがたは私の必要のために、一度ならず二度までも物を送ってくれました。私は贈り物を求めているのではありません。私が求めているのは、あなたがたの霊的な口座に加えられていく実なのです。私はすべての物を受けて、満ちあふれています。エパフロディトからあなたがたの贈り物を受け取って、満ち足りています。それは芳ばしい香りであって、神が喜んで受けてくださるささげ物です。また、私の神は、キリスト・イエスの栄光のうちにあるご自分の豊かさにしたがって、あなたがたの必要をすべて満たしてくださいます。私たちの父である神に、栄光が世々限りなくありますように。アーメン。」（ピリピ４・14―20）

今日でも開拓伝道における経済措置は基本的に同じです。国外宣教師たちは、母国の教会や宣教団のサポートを得て開拓伝道をし、福音によって神の民が起こされ教会が経済的力をつけてきたら、牧師を迎えて教会がこれを支えるのです。ただし今日では、国外宣教師は宗教ビザで入国した場合、副業はできませんから、母国の教会の全面的サポートが必要となります。誤解を招かないために書いておきますが、練馬の開拓教会でジェイコブセン宣教師夫妻が語学塾をしておられたのは、ＴＥＡＭの宗教法人規則の事業の項で認められたことでした。

宣教師が入らない日本の農村地域であえて教会開拓を目指すとすれば、それはいかにして可能でしょうか。開拓当初は、伝道者は副業収入を伝道と生活に当て、私財があるならそれを投じ、教団からの支援費やＫＤＫ（国内開拓伝道会）などを通じて他地域の兄弟姉妹から伝道支援を得ることをもって開拓伝道を展開し、やがて人々が救われ主の弟子として育成され教会が力をつけるならば、教会は伝道者が牧会伝道に専念できる態勢を整えていくということです。南佐久郡の教会開拓の経済もまた、こうした方法にしたがって賄《まかな》われました。大学時代の先輩で、南佐久郡開拓伝道の話を聞きつけて、ずっと支援してくださった北海道に住む敬虔なご夫妻がいました。また私たち家族をずっと心にかけて折々ご支援くださる仙台のご夫妻がいました。開拓伝道を始めた時点でちゃんとした計画があったわけではありませんが、みこころを信じて捨て身で踏み出したとき、神様は私たち家族を飢えさせることはなさいませんでした。不足するときには、「まず神の国と神の義を求めなさい。そうすれば、これらのものはすべて、それに加えて与えられます。」（マタイ6・33）というみことばに立ち返りました。後年ある姉妹が、ふと話されたことがあります。「教会の人数が少なくて、お金が全然ないころから先生はいつも『「受けるよりも与える方が幸いである」とイエス様がおっしゃいましたから、今は受けていても、やがて与える教会となることを目指しましょう』と言われたでしょう。そんな日が来るのかなあと私は不思議に思っていました」と。

9　婚と葬

虎穴に入らずんば

日本宣教の切り口の一つは、冠婚葬祭つまり通過儀礼ではないかと思います。日本人の多くは七五三は神社に出かけ、年末にはクリスマスを祝い、お正月には神社に出かけ、結婚式はキリスト教式で行ない、葬式は仏式でするという世界でも珍しい人々です。こうしたことに教会が関わることには危険が伴います。「君子危うきに近寄らず」で行くか、それとも「虎穴に入らずんば虎子を得ず」で行くかが問われるところです。私は結婚式に関して、安全対策を厳格に施した上で、虎穴に入ることにしました。

小海町には川鉄商事と提携して始まった町おこしの第三セクター事業「小海リエックス」という八ヶ岳山腹に造られたスキー場、テニスコート、ゴルフ場、ホテルを備えたリゾートがあります（現在はシャトレーゼが運営）。私が小海に赴く三年前、篠田牧師はその支配人から結婚式場チャペル建設と司式について相談を受けました。しかし、牧師がそうしたことに関わることには、神学的に整理しなければならない問題と実際的危険があります。

第一に、未信者のカップルにとってキリスト教式で結婚式をすることはどういう意味があるのか、未信者が神の前に結婚の誓いをすることができるのかという問題があります。第二に、司式をする牧師が結婚式場の商業主義による金銭の罠に陥る危険です。実際、ブライダルにかかわった牧師が公同礼拝をおろそかにして、信徒の信用を失い牧会が破綻したという事例をいくつか見聞きしたことがあります。第三に、ブライダルに限りませんが牧師が外部から相当の個人的収入を得て、教会会計から支出される牧師謝儀が形ばかりの少額ということが常態化すれば、教会はいつまでも〈神は、信徒のささげものによって牧師家族を養い給う〉という上述した旧新約聖書の原則に従っていない不健全な状態になるでしょう。

そこで篠田牧師は次の条件を立てました。第一点については、結婚は信者・未信者を問わず神が与えられる共通恩恵であるから、未信者の新しい夫婦のために牧師が神の祝福を祈ることは可能であると判断しました。無理解のままに神の前で誓約はできないので、式の一、二か月前に来てもらって一時間半ほど個人伝道と結婚カウンセリングをし、そこで福音と家庭形成について教えました。そして、結婚式では説教の時間を20分確保することを条件としました。第二点については、教会の主日礼拝をあくまでも優先することを条件としました。第三点については、謝礼は結婚する本人たちからの教会への自由献金として、かつ牧師の個人収入にせず全額バイブルキャンプ教会会計に算入することでした。

篠田牧師からこの働きを引き継ぐにあたって、私には積極的意識と警戒心とが伴っていました。私がこの働きに関わることに対して懸念する声が教団理事会で上がっていることも伺いました。もっともな心配であると思います。ですから、篠田牧師がすでに上記の原則を立ててくれていたことは幸いでした。

私は三つの原則に加えて、この働きによって南佐久郡の多くの家々と関係を作り、キリストの福音をもたらす機会とし、南佐久郡にキリスト教に対する親和的雰囲気を醸成したいと願いました。そのため地元のカップルの場合にかぎってですが、式の一、二か月前に結婚準備会をすませたなら、できるだけ花嫁、花婿の家に牧師としてあいさつに伺うように努めました。すると両親や祖父母から「そうですか。このたびはお世話になります。」と迎えられ、お茶を飲んで、よもやま話をして、祝福を祈ることができました。また田舎では冠婚葬祭を重んじますから、結婚式には大変多くの親族が集い、十字架の福音を含んだ結婚説教を聴くことになります。この働きに協力してくださっていた奏楽者だった久美さんとリカさんが、式中に歌う讃美歌の歌詞の意味を知りたいと思って教会に来られ、やがて洗礼を受けられたことは本当に嬉しいことでした。

式の準備会でカップルに結婚カウンセリングをして驚いたのは、「日本ではキリストの福音はほとんど知られていない」という現実でした。準備会の冒頭には、「お二人に祝福をくださる神様の愛を学びましょう」ということで、ヨハネ福音書3章16節の説明をして福音を伝えたのですが、その時、「教会には十字架が掲げられていますが、そもそも十字架とはどういうものか、わかりますか?」と質問をしました。「魔除け?」という人がいました。「キリストが磔にされた処刑の道具です」という人はたまにいました。しかし、キリストは十字架の死をもって、私たちの神の前における罪を償ってくださったのだということを聞いたことがあるという人は、ほぼ皆無でした。そこで意味を話すと「私の罪のためにキリストが十字架で死なれたという話は初めて聞きました」と言って、「キリストを信じたい」という人も少なからずいました。私は当初、単に知識としてならキリストの十字架の意味を知っている人は多いだろうと思っていましたので、意外でした。今、日本では伝道が進まないとか、閉塞感とか、よく嘆きの声を聞きますが、実際には伝道が進む進まない以前に、私たちはキリストの十字架の福音を十分に伝えているのでしょうか? 伝道者は評論家ではありませんから、嘆いている暇があったら、福音トラクトの一枚でも多く配りたいと思います。

経済的側面についても少々書いておきます。先に書いたように、開拓当初から教会が経済的力をつけるまでの間、結婚をしたカップルからの献金は、教会会計の中で大きな部分を占めていました。バブル経済がはじけて「地味婚ブーム」になってホテルの結婚式が減少し、やがてゼロになって行く十年間の右肩下がりのカーブと、教会が経済的力をつけ教会活動が盛んになって牧師が忙しくなっていく右肩上がりのカーブがちょうどうまい具合に交差したことにも、主の導きを感じました。

世の光としての墓碑銘

南佐久郡の仏教寺院は土地が狭く広い墓苑がないので、「くるわ」と呼ばれる親族が山麓のあちこちに小さな墓所を共同管理しています。日本ではクリスチャンになると仏教との関係を清算するために、墓を寺の墓苑から教会墓地に移すことが多いと思います。しかし、南佐久郡のように寺と関係ない墓地ならばその必要はなく、むしろ一族の墓地の墓標にキリストを証しする名前を刻み遺していくことの方が、世の光になると考えました。というのは、「くるわ」の墓に入れてもらえないというのは、何か悪いことをした人とされているからです。二つの出来事を紹介します。

ある日、埼玉県の所沢市に住む八千穂村出身の女性から、小海町の老人ホーム美ノ輪荘に入所している母とし子さんを訪問してほしいという依頼がありました。訪問を繰り返すうちにとし子さんはイエス様を受け入れたので洗礼を授けました。聞けば、とし子さんの次女みどりさんが一家の最初のクリスチャンでした。彼女は若い日に山梨県清里の聖公会でイエス様を信じましたが、「くるわにクリスチャンなどいないのに、自分一人がクリスチャンになっていいのか？」と悩んでいるとき、ふと思い立ってくるわの墓を訪ねたそうです。墓碑にはずらずらと「○○院△△居士」「○○院□□大姉」などという戒名が刻まれていましたが、その中に十字架が刻まれて俗名のみが記されたものを一つ見つけました。彼女は「ああ、私のくるわの中にもクリスチャンだった人がいるんだ！」と勇気を与えられ、洗礼を受けたのでした。その信仰は姉に、そして母とし子さんにも伝わったのです。とし子さんが天に召されたのちも、小海の教会では毎年クリスマスには子どもたちと一緒に美ノ輪荘を慰問するようになりました。

もう一つのエピソード。川上村の恵子さんの家では、月に一度、家庭集会を開き牧師が出かけるようになりました。コタツを囲んで五、六人の集いでした。二十畳ほどの長い部屋の奥のストーブのそばには、いつも舅の嘉久《かきゅう》さんがいました。私が「嘉久さんも一緒に聖書の話を聞きませんか？」と声をかけても、「おらは耳がよく聞こえねえから、いいだ。」とおっしゃっていました。ところが、ある晩みんなの都合が悪くて、コタツには恵子さんと私だけでした。それで「嘉久さんも今晩は一緒に聖書を学びましょうよ。」と声をかけると、「はいよ」と言ってコタツに移動して来られました。私は福音書からイエス様の十字架の話を一生懸命にしました。そうして「話を聞いて、イエス様はどういう方だと思いますか？」と尋ねました。すると嘉久さんは「自分を今殺そうとする奴らのために、『彼らを赦してください』と祈るんだから、そりゃあイエス様は神様にちげえねえ。」とおっしゃったのです。お嫁さんの恵子さんは目を丸くしてこちらを見ました。嘉久さんは、三年ほど続いていた家庭集会で聞こえないふりをして、実はずっと聖書の話を聞いていたのでしょう。嘉久さんはイエス様を受け入れて、何度か訪問するうちにそれまで深いかかわりを持っていた佐久穂町の日蓮宗の霊能者だという坊さんとの関係をはっきりと絶つ手紙をしたためて送りました。そしてご自分の息子の孝和さんをはじめ家族と教会のために実によく祈る人になりました。

嘉久さんは子どもの頃、馬に頭を蹴られて以来、足を引きずるようになり、そのために徴兵検査から外されて、お国のために戦地に行けず役に立てなかったことを心の傷として持っていました。私は訪問したときに「わたしの目にあなたは高価で尊い。わたしはあなたを愛している。」というイザヤ書の一節を説明して、紙に筆ペンで書いて差し上げ、毎日読むようにお話ししました。「すぐに忘れちもうだよ。」と言われましたが、「毎回、新鮮な気持ちで読めるから、それはいいことです。」と励ましました。そのみことばを書いてあげたのが春でしたが、その年の収穫の季節が終わったころ、家庭集会にうかがったら、恵子さんからこんな話を聞きました。「このあいだ、おじいさんが『恵子、この「わたしの目には、あなたは高価で尊い」でいう「わたし」は、おらとのことでなく神様のことだかい?』と聞くので、『そうだよ』と答えると、おじいさんが『じゃあ、神様がおらとのことを高価で尊いと言ってくださるだかい!』と驚いていたんですよ。」ということでした。戦争に行けなくて人に役立たずと言われ、自分でもそう感じてきたけれど、神様が自分に対して「おまえは高価で尊い」と言ってくださると嘉久さんに悟らせたのは聖霊でした。

嘉久さんが天に召されたとき、おそらく川上村の歴史上初めてのキリスト教式葬儀となりました。恵子さんの夫君の孝和さんはまだイエス様を信じていませんでしたが、父親が病室で祈る姿を見て本当にイエス様を信じたことを目の当たりにしていたので、親戚の反対があるなかキリスト教式で葬儀を行うことを決断してくださったのです。筋の通った方です。葬儀はお通夜から始まって、村仁義とか色々伝統的な習慣がありましたが、質問されると「そういうことはキリスト教ではいたしません」ではなく、「キリスト教式で行います」と答えることを原則にして、工夫して行いました。葬儀は小海にある「あおぞらホール」という大きな会場を借りて二百名以上を集める大規模なものとなり、そこで嘉久さんの回心を証しすることによってキリストの福音を語りました。小海では幾度も葬儀を行いましたが、どんなときでも教会奉仕を最優先にしてくださる治恵さんが、この時にもしめやかに良い奏楽をしてくださいました。奏楽者と説教者の関係には、ときに難しいことが生じると神学生時代に教わったことがありますが、姉妹に関してはただの一度もそういうことがありませんでした。

　嘉久さんの骨はくるわの墓に納めることになりましたが、その時、「△△□□居士×年×月×日歿」とずらずら刻まれた墓碑に「✝恩寵愛祷大士由井嘉久×年×月×日召天」と刻んでいただきました。ただ恵みによって救われ、家族のため愛をもって祈る人となられた嘉久さんに因んだ「キリスト教戒名」です。くるわの人々は子々孫々まで「歿《ぼつ》」「歿」「歿」……と並んだ墓碑銘の中に、十字架と「召天」とあるのを見て、一族にキリスト者がいたというあかしを見ることになります。納骨式まで終わって、家で親族が集まって最後の食事のあと、ご親戚の中から一人のご婦人が、「最後は、『いつくしみ深き』を歌って先生たちを送ろうや。」と言ってくださいました。皆さんが「♪いつくしみ深き　友なるイエスは～」と歌って、私と妻を見送ってくださいました。印象深いお葬式でした。

葬儀に関しては、このような素晴らしい経験もありましたが、他方でクリスチャン夫婦が針の筵《むしろ》に座らせられるようなこともありました。ただそれは、ここには記しません。

嬉しい結婚式

嘉久さんの孫の潤君は、中学を卒業すると山形の基督教独立学園高校に進み、岩手の大学で林業を学んだあと、自然環境調査の仕事に就いて遠くにいましたが、数年たって家業である農業を継ぐために川上村に戻って来ました。しかも、独立学園で出会った山形県出身のゆかりさんと結婚をしました。（このゆかりさんは、指圧師のゆかりさんとは別です。）若者たちを育て上げては送り出すことが圧倒的に多い田舎の教会において、若者が戻って来て、しかもお嫁さんまで連れて来てクリスチャン家庭を形成し、これからは教会の力強い柱となってくれることは、本当に素晴らしくありがたく嬉しいことです。そういう若者たちが続いてくれたら、どんなに素晴らしいでしょうか。

10　必要十分な教会

目指した教会像

小海キリスト教会の総会では毎年、ペンテコステに誕生した新約の教会の姿を確認しました。「ペテロは、ほかにも多くのことばをもって証しをし、『この曲がった時代から救われなさい』と言って、彼らに勧めた。彼のことばを受け入れた人々はバプテスマを受けた。その日、三千人ほどが仲間に加えられた。彼らはいつも、使徒たちの教えを守り、交わりを持ち、パンを裂き、祈りをしていた。」（使徒２・40－42）

これが小海キリスト教会が目指した青写真で、教会の営みは、①伝道②聖礼典③みことば④交わり⑤共に祈ること――です。

中世ローマ・カトリック教会が聖書から離れて偽りの教会となっていたので、十六世紀の宗教改革者たちは真の教会の復興を志しました。そのために、それを失ったらもはや教会とは呼べないと言える、真の教会としての必要最少限のしるしは、③正しいみことば②正しい聖礼典の二つであるとしました。それを受けて十七世紀にはドイツ国教会は正統教理の確立に集中しました。

しかし、正しい教理と聖礼典に集中する教会のあり方に満ち足りないものを感じたＰ・シュペーナーたちは、週日に少人数で④みことばを分かち合って交わり⑤共に祈る「敬虔な者の集い（コレギア・ピエターティス）」を始めました。すると、初代教会のような感動が溢れ、福音を伝えようではないかという情熱が湧きおこり、①伝道運動が始まったのです。これが敬虔主義運動です。宗教改革は教会の必要最少限のしるしを回復しましたが、敬虔主義運動は宗教改革の教会に欠けていた「交わり」と「共に祈ること」と「伝道」を回復したと、私は近世・近代の教会史を解釈しています。

宗教改革の伝統に連なる正統主義の教会は「敬虔主義は主観的すぎる」と軽蔑し、敬虔主義運動はえてして「神学などすると伝道熱が冷める」と言って正統主義を警戒する傾向がありますが、むしろ互いに自らの欠けを認めて学び合う謙虚さが必要です。そうすれば、使徒の働き2章に啓示された必要十分なしるしを備えた教会を建て上げることができるはずです。[1]

ケーリュグマとディダケー

使徒は「私たちは祈りと、みことばの奉仕に専念します。」（使徒6・4）と言いましたが、みことばの務めには二つあります。一つは宣教（名詞：ケーリュグマ、動詞：ケーリュッソー）であり、もう一つは弟子とする教え（名詞：ディダケー、動詞：ディダスコー）です。福音を地域のすべての人々に知らせるケーリュグマの働きをしていると、神はさまざまな出会いを与え、また人々を家庭集会や教会の礼拝に送ってくださいました。この方たちに個人伝道をし、教団の信仰告白に基づく洗礼準備会をして洗礼に導き、礼拝や祈り会や家庭集会において、みことばで主の弟子として育てるというディダケーの働きをしていきました。

主イエスの周りには二通りの人々がいました。一つは、キリストにパンや癒やしや悪霊追い出しなどの御利益を期待して集まって来るのですが、不都合になれば去っていく人たちでした（ヨハネ6・66）。もう一つは、キリストに従う弟子たちです。イエス様は、「すべての造られた者に福音を宣べ伝えよ」と命じましたが、「キリスト・シンパをたくさん作れ」とはおっしゃらず、「弟子とせよ」と命じました（マタイ28・19）。ただし「弟子とする」とは、主イエスの弟子とするという意味であって、牧師の弟子にするという意味ではありません。

私は、何か特別な「弟子訓練プログラム」を提供したわけではありません。基本は毎主日礼拝の連続講解説教で、その切れ目に二か月から半年程度、使徒信条講解や教団の信仰告白の講解を挟み込みました。連続講解説教は、説教者自身がみことばに教えられつつ、無理なく神のご計画の全体を伝えることができる方法だと思います。また文脈を大切にしながら解き明かしていくと、信徒も聖書の正しい読み方をおのずと身に付けていきます。信仰告白の講解も、その日の主題の根拠となる聖書箇所を広く取って文脈をわきまえた講解説教として説きました。水曜日の祈り会では、連続講解だけでなく拙著『神を愛するための神学講座』をテキストとして用いたこともあります。

説教のほかの礼拝の特徴に少し触れておきます。一つは、子どもは小学校に上がったら最前列で礼拝に参加し、前半で教案『成長』の教材を用いた紙芝居を行ないました。これは教会員全体も三年サイクルで旧新約聖書の主な箇所を読む上でも有益です。二つめは、毎回、山上の祝福（マタイ5・3－12）を朗読したことです。山上の祝福には、恵みによる救いと、恵みによって救われた者たちへの約束と任務と覚悟と喜びが表されています。

役員会の形成

教会の運営は、年一度の教会総会と月例の信徒会で進めていましたが、開拓のスタートから十年たって、ようやく役員会を形成しました。役員は選挙で選びましたが、毎年それに先立って、役員の資格についてみことばでガイドを示しました。初代教会で初めて信徒役員が選ばれたとき、「あなたがたの中から、御霊と知恵に満ちた、評判の良い人たちを七人選びなさい。」（使徒6・3）という指針が示されました。これに基づいて、第一に御霊の実、つまり「愛、喜び、平安、寛容、親切、善意、誠実、柔和、自制」を結んでいること、第二に、知恵という教会の群れを治めるための御霊の賜物が与えられていること、第三に、教会の内外で評判が良いことという、役員の三つの資質について解説をしてから選挙をし、中学の音楽教師をしている啓治さんと、農家の博彦さんが選ばれました。

役員会では事務的な話の前に、毎回短く『ウェストミンスター信仰告白』を学びました。その目的は、教会役員がこの世の知恵でなく、聖書に根差して教会と社会の諸問題について考え判断できる人たちになってもらうことです。また、単なる牧師のイエスマンでなく、聖書に根差して牧師にも助言をしたり戒めることもできるようになってもらうことです。なぜ『ウェストミンスター信仰告白』を用いたかというと、プロテスタントの伝統的信条の中で、諸信条の教えがここに流れ込んだ集約点の位置にあって最も網羅的だからです。むろん十七世紀イギリスのキリスト教社会を前提とした信条としての限界はありますから、不足するところは補いました。その限界とは、伝道・世界宣教に関する告白が欠けていること、および、啓蒙主義以前ですから自由主義神学に対する弁証が欠けていることなどです。

信徒会から役員会に移行したとき、風通しが悪くならないように注意しました。全員参加の信徒会で教会運営をしているときは、教会の最高議決機関は教会総会で、牧師一人が役員という組織ではありますが、月一度の信徒会の交わりで皆が情報を共有できますから、参加意識を高く維持できます。しかし、役員会を形成すると役員内では深い話ができますが、信徒皆に情報を共有するように具体的方法を講じなければ、全体の参加意識が弱くなってしまいます。およそ組織の働きには仕事機能と維持機能がありますが、メンバーの参加意識が弱くなると全体が弱ってしまいます。そこで、参加意識を高く保つために月一度は役員会報告を書面で出し、愛餐会では要点の報告をしました。[2]

子とされた恵み

聖書の教えの中で意識的に大切にしたのは、「子とされた恵み」です。「子とされた恵み」は救いの確信と喜び、信徒としての成長、教会形成のために最重要の教理です。キリスト者がこの世で受ける主な祝福は、義認、子とされること、聖化の三つであるとウェストミンスター信条は告白するのですが、残念なことに「子とされた恵み」の重要性は教会史の中で長い間、見落とされてきました。宗教改革の成果を整理した十七世紀のプロテスタント神学は、カトリックの神人協力説に対抗して恩寵のみによる義認を厳密に強調したので、義認に関しては詳細に研究されたのですが、「子とされた恵み」に関しては論敵がいなかったので、議論が深まらなかったのでしょう。

義認と聖化の間には、ある矛盾が存在します。義認のありがたみは、罪人が罪あるままでキリストの義を根拠として義と宣言されたことですが、他方、聖化は罪性が実質的に減ることなので、聖化をへたに強調すると、義認のありがたみが減って律法主義に逆行します。そこで、聖化など目指さず、むしろ罪に安住した方がましであるという人も出てきます。

また、義認においては審判者である神の前に独り立つ自分を意識させられますし、聖化においても聖なる神の前に立つ自分の内面を意識させられますから、この二つの教理だけでは信仰者として神の民に属する意義がわかりません。

キリストにあって「神の子とされた恵み」をよく味わうならば、これら三つの問題が解決されます。[3] すなわち、まず第一に神が父として、私たちが何ができるかという働き以前に子としての存在を喜んでくださることを知ることによって律法主義の恐怖から解放されます。[4] 第二に、私たちは神の子どもですから、キリストとの共同相続人としての光栄を覚えつつ天の父の期待に応えて、聖化の道をたどるのです。第三に、クリスチャンは神の子どもたちですから、神を父としキリストを長兄とするお互い兄弟姉妹として教会を形成して共に生きるのです。

救いとは教会論的観点から表現すれば、神の家族に入れられたことであり、聖化とは神を愛し兄弟姉妹を愛する人へと変えられていくことです。聖化とはキリスト者個人の品性がキリストに似せられていくことに留まらず、教会という共同体が神を愛し互いを愛し合う者として成長・成熟することなのです。

神の御霊に導かれる人はみな、神の子どもです。あなたがたは、人を再び恐怖に陥れる、奴隷の霊を受けたのではなく、子とする御霊を受けたのです。この御霊によって、私たちは「アバ、父」と叫びます。御霊ご自身が、私たちの霊とともに、私たちが神の子どもであることを証ししてくださいます。子どもであるなら、相続人でもあります。私たちはキリストと、栄光をともに受けるために苦難をともにしているのですから、神の相続人であり、キリストとともに共同相続人なのです。（ローマ8・14－17）

教会の交わり

父と子と聖霊の交わりの神が、私たちをその交わりのうちに招いてくださり、神の家族である教会を造られたのですから、教会にとって「交わり」は本質的なことです。教会の交わりの中心は「聖餐」です。小海キリスト教会では式中に兄弟姉妹が見守る中で一つのパンを裂いてともに食すという形を大事にしました。群れが小さかったから可能であった贅沢とも言えますが、逆に言えば、聖餐共同体としての教会の適正規模は、一つのパンを分かち合うことができる人数ということなのかもしれません。将来、群れがお互いの名が憶えられないほどの人数になっていくならば、もし地域ごとにいくつかのクリスチャン家庭が生まれるならば、地域で小グループを形成

小海・苫小牧交流会

していく工夫が必要であろうということは念頭には置いていていましたが、在任中には実現しませんでした。ですが、数個の家庭集会がそうした交わりの機能をも果たしていました。

月一度の愛餐の交わりも大切にし、この時、役員会報告もしました。また、場所は信州ですから、お正月には毎年そば打ち会をしました。治恵さんのお父さんはそば打ち名人で、もとは農業指導員をされていました。ご自分で休耕田に種を蒔いて収穫し、粉屋に脱穀してもらったそば粉を最高にうまいそばに打ってくださいました。私は神戸でも東京でもそばがおいしいと思ったことはなかったのです。やっぱりそばは信州です。

春と秋には近所の美しい山野にバーベキュー・ピクニックにでかけたり、小型バスを借りてあちこち遠足に行きました。聖書考古学を二か月ほどのシリーズ説教で予習した後に、東京都三鷹市の中近東文化センターと稲城市のよみうりランドに出かけたこと、長野市にエジプトのミイラ展を見に行ったこと、群馬の富岡製糸場とそれに隣接する教会に出かけたこと、飛騨高山に日本同盟基督教団のルーツを訪ねる一泊旅行に出かけたことなどは実に楽しい思い出です。

また、教会の交わりは地域教会を超えた公同性があるものです。私が苫小牧に転じて三年目、南佐久開拓二十五周年記念ということで小海キリスト教会の兄弟姉妹たちが苫小牧まで旅して来てくださいました。二つの教会の兄弟姉妹たちは、初対面なのに旧知の仲のように神の家族の交わりを経験することができて、天国のような喜びにあふれていました。同じ羊飼いに養われている群れ同志の親しさというのでしょうか。翌年は、苫小牧から小海に出かけようと計画を立てていたのですが、コロナが流行してしまって実現できなくなったのは残念なことでした。そこで、その翌年の五月、オンラインで二つの教会の交流会を持ちました。その時、愛する夫人亜紀さんを天に送った証しをした小海のメンバーの隆之さんは、その後、神様の召しを受けて献身を決意し、現在、北海道聖書学院に学んでいます。

見よ。なんという幸せなんという楽しさだろう。
兄弟たちが一つになってともに生きることは。

それは頭に注がれた貴い油のようだ。
それはひげにアロンのひげに流れて衣の端にまで流れ滴る。
それはまたヘルモンからシオンの山々に降りる露のようだ。
主がそこにとこしえのいのちの祝福を命じられたからである。（詩篇１３３篇）

1　水草、前掲書、第十九章「主の教会」３「教会のしるしと務め」を参照。
2　水草、前掲書、第十九章「主の教会」７「教会政治の方法―王職」（１）「教会政治の目的と方法」を参照。
3　水草、前掲書、第十七章「子としての聖化―祝福の適用③」を参照。
4　本書Ⅰ－３「存在の喜び」を参照。

11　丘の上の教会堂

会堂の必要性

「水草さんはいつまでここにいるんだい？」赴任して数年間は、何度かそう尋ねられました。都会から来た人は数年たったらいなくなるというのが普通だからです。日本ではクリスチャンになるには家族との軋轢《あつれき》は避けられませんが、昔からの因習が強く、一族がかたまって住んでいる田舎ではなおのことです。大決心をして洗礼を受けたのに、数年したら牧師がいなくなり教会が無くなってしまいそうなら、だれが教会に来るでしょう。仮に牧師が入れ替わっても、教会はこの町に残り続けるのだというあかしとして、会堂取得が必須です。それは開拓を始めた時から考えていたことです。

一九九四年から月刊「通信小海」、家庭集会、個人伝道などで福音を伝えるうちに、徐々に受洗者や転入会者が与えられて十数名になり、借家の礼拝室は手狭になってきました。おのずと誰もが会堂が欲しいと感じるようになります。「私たちの教会に会堂を与えてください」と大胆に祈り始めたのは、毎週の教会学校に集まる小さな子どもたちでした。「幼子たち乳飲み子たちの

口を通してあなたは御力を打ち立てられました。」（詩篇8・2）
一九九七年度の総会で私たちは会堂について話し合いました。まず、これまで家賃として支払ってきた金額を計算してみました。七年間、家賃として月額7万7千円を支払ってきましたから合計すれば650万円という少なくない金額です。このあたりの地価ならば、頭金さえなんとかして用意できれば、ローンをしても返していけるでしょうと説明しました。すると、元牧師夫婦だった末三さんとトヨセさんが、ご自分の新潟での会堂建築の経験を力強く話してくださいました。お二人は南相木村、北相木村に生まれ、戦後、宣教師から洗礼を受けてモーリス・ジェイコブセン宣教師たちが始めた柏崎聖書学院（現・新潟聖書学院）に学んで新潟小地谷で開拓伝道をしたご夫妻でした。その後、夫人が体を痛めたので、医師から「豪雪地新潟での生活は無理だ」と指示を受けて、佐久に戻って来られ、その後は野沢福音教会で忠実な信徒として歩みながらも、「ふるさと佐久南部に教会を」という祈りをずっとしてこられたのでした。それで、私どもが南佐久郡に開拓伝道を始めて数年後、佐久の野沢福音教会から私たちの借家の教会に転じて来られたのです。野沢福音教会にとっては痛手であったと思いますが、「南佐久郡伝道のために」と送り出してくださったのです。ご夫妻の話を聞いて励まされた一同は、とにかく会堂建設のために毎週祈り、会堂献金をスタートしました。

正々堂々と

一九九九年には会堂用地の調査を始めました。しかし、八ヶ岳と秩父山系の谷間を流れる千曲川のほとりに張り付くように家々が並ぶ地域で会堂用地を見つけるのは容易ではありません。広くて安いので行ってみたら、雨になると水の流れる沢地だったり、かなり山奥だったりでした。二〇〇〇年の春に「小海町最後の一等地、見晴台宅地分譲　抽選会」という町の広報が出ました。見晴台とは小海駅の東側、国道から見える小高い丘です。私も時々見上げては、『あの丘の上に会堂が建ったら、どんなに素晴らしいだろう。』とぼんやりと思っていたところでした。分譲のための工事が済んだ見晴台に兄弟姉妹で登ってみたら、お城から町を見渡しているような感覚で、里山の向こうには八ヶ岳が見えます。「あなたがたは世の光です。山の上にある町は隠れることができません。」（マタイ5・14）が胸に浮かんで、ともに祈りました。

ところが、分譲の条件を記した説明文に、土地は個人住宅目的であると記されていました。牧師宅付きの教会堂を建てるつもりではいましたが、それが許されるのだろうかという疑問がわきました。私は当時、教団理事会のメンバーの一人だったので、野辺山ＹＭＣＡで開かれた教団理事会で相談してみることにしました。「牧師の居宅として個人名義で建てて、数年後に教会堂にしてはどうか。そういうケースもある。」ということを教えられました。けれども、そのとき信徒理事のAさんが、「これは神様のためにすることなのですから、正々堂々と行くべきです。」と強い発言をされました。結局、理事会は「水草先生、ここは正々堂々と行くべきでしょう。祈りましょう。」ということになり、土地使用目的を町に事前に正々堂々と説明して了解を得られるようにと祈ったのでした。

私は理事会を終えて自宅への帰り道に役場を訪ねました。担当者に、「牧師宅付きの礼拝堂を建てて良いでしょうか？」と質問すると、黒澤榮太郎町長が直々に出て来られました。町長は私の前にどっかと座り、図面を見ておっしゃいました。「毎月新聞に入っている『通信小海』を家内と私はいつも読んでいますよ。青少年健全育成のためにたいへん良いことをしてくださっている。一番広いところを手に入れて会堂を建ててください。」すると横から担当者が小声で、「町長。区画は抽選で決まります。」と言いました。どの区画が手に入るかは、くじ引きで決まるのです。

くじ運の悪い牧師

教会に帰って、町長さんのことばを伝えると兄弟姉妹は喜びました。そして、区割りの図面を見ました。ここに書く数字は記憶をたどってのものであり不確かなところもありますが、二十二区画の分譲で広さ89坪から146坪、坪単価8万円から11万円でした。私たちの大雑把なプランとしては、土地は献金を募って現金で手に入れて、会堂建物は土地を担保にして銀行からの借入で建てようということでした。そうすると１３５０万円が用意できました。

会堂用地にふさわしい町から見える区画は五つありましたが、そのうち二区画はすでに代替地として提供されていましたから、三区画だけが町から見えやすい土地です。その中で二区画は１１０坪程度で、一つだけが１４６坪です。１４６坪の区画は最良ですが、私たちの経済力からいうと無理だと思いました。そこで、二つの区画に目星をつけて皆で祈りました。

数日後、抽選会に臨みました。抽選会に臨んだ人たちは十七名で、人数分のくじが用意され、一番を引いた人から順番に希望の土地を選んでいくのです。えいやっ！と引いたら、なんと私が十七番でした。「十七番です」と申告すると、会場からなんと運の悪い牧師だろうという感じで失笑が漏れました。次に、一番のくじを引いた人から、それぞれ希望の区画を選んでいきます。あの目星をつけた二つの区画はあっという間に取られてしまいました。そして、途中で放棄した人が三人いたので、私たちの前に残されたのは、奥まったところにある七区画と、町全体から見える最も広いあの区画だけでした。一般住宅を建てる人にとっては１４６坪は広すぎるので残ったのでしょう。

私は「ああ、神様が私たちの信仰を試しておられるのだ」と感じました。そこで、くじがビリだったからこそ許されたことですが、開発公社の所長さんに「とりあえず１４６坪の区画を押さえさせてください。本日中に教会の人たちともう一度相談して、どうするかを決めます。」とお願いしました。その日、緊急で兄弟姉妹と集まり、くじ引きの経緯を話し、可能性があるのは最良の146坪の区画と、奥まった七つの区画だけであると説明しました。私は、神様がこの146坪にするように私たちを追い込んでいるように感じていることを伝えました。皆も同じように感じたようで、皆で祈ってこの土地に決めたのでした。

　しかし、土地の広さに対して資金400万円が不足していました。そこで教団の全教会と知り合いに、南佐久郡伝道の志と今回の土地取得の経緯を記した長い手紙に、郵便振替用紙を入れて、祈りながら発送しました。数日たつと全国から続々と献金が寄せられてきました。振替用紙にはさまざまな励ましのことばが書かれていましたが、最初に届いた雪深い北陸で苦労している牧師のことば「意気に感じ、わずかですがおささげします。」が特に印象に残っています。集まった献金は教会・個人あわせて108件で、土地の値段を400万円以上超えていて、会堂建築の足がかりになりました。信州の山間地の伝道を我がこととして受け止めて献げてくださった全国の主にある兄弟姉妹の祈りがありがたかったです。会堂が建ったときには、白樺の木を一センチほどの厚さに切って、小海線、八ヶ岳、会堂の絵を描いた記念品を皆で手作り

して、献金してくださった方たちに差し上げました。

からだと着物

旧約聖書には幕屋・神殿が出てきます。神殿は、神がご自分の民の中に親しく住んでくださることを表し、そこで神と人とが会見する場として与えられました。ですから、その中核は「会見の天幕」です。しかし、新約聖書には建物としての幕屋・神殿の記述は見当たりません。主を信じる兄弟姉妹の礼拝共同体としての教会が「神殿」と呼ばれることはあっても、教会堂が神殿と呼ばれているわけではありません。

あなたがたは、自分が神の宮であり、神の御霊が自分のうちに住んでおられることを知らないのですか。（Ｉコリント３・16）

使徒たちや預言者たちという土台の上に建てられていて、キリスト・イエスご自身がその要の石です。このキリストにあって、建物の全体が組み合わされて成長し、主にある聖なる宮となります。あなたがたも、このキリストにあって、ともに築き上げられ、御霊によって神

の御住まいとなるのです。（エペソ２・20―22）

主のもとに来なさい。主は、人には捨てられたが神には選ばれた、尊い生ける石です。あなたがた自身も生ける石として霊の家に築き上げられ、神に喜ばれる霊のいけにえをイエス・キリストを通して献げる、聖なる祭司となります。（Ｉペテロ２・４、５）

主にある兄弟姉妹の礼拝共同体が神殿と呼ばれていることが示しているのは、荘厳な建物はなくても、この礼拝共同体の中で人は神と会見できるということです。旧約時代の神殿は、新約時代に登場する礼拝共同体であるキリストのからだとしての教会の予型でした。考古学者の報告によれば、礼拝のための専用施設としての会堂は、キリスト教が帝国政府に公認されたミラノ勅令（三一三年）以前には存在していなかったようです。ピリピ書冒頭の挨拶文で「監督たちと執事たちへ」とあることからすると、ピリピの町にはいくつもの家の教会があって複数の監督と執事が指導し世話をしていたようで、それら複数の群れを「ピリピ教会」と呼んだのです。

では、新約時代における会堂はどのように位置づけられるのでしょうか。私は、からだに対する着物と位置づけるのが適切だと考えています。礼拝共同体である兄弟姉妹、すなわち、キリストのからだがまとう着物が会堂です。このことから二つのことを会堂に関して言うことができるでしょう。第一は、小海における会堂建設にあたって主イエスのみことば「からだは着る物以上のものではありませんか。」（マタイ6・25）を心がけました。会堂のために礼拝共同体があるのではなく、礼拝共同体のために会堂を建てようということです。会堂は建ったけれど、礼拝共同体は壊れましたというのでは意味のないことです。とはいえ、第二に、からだは裸でいるわけにはいきませんから着物は必要です。しかも、キリストのからだにふさわしい着物としての会堂であることが望ましいのです。

教会堂のデザインと建築

せっかくの装いですから、キリストのからだの着物であることを明快に表現する建物にしたいと思いました。遠く国道141号から見ても駅のホームから見ても、一目で「あ、キリスト教会だ」とわかる十字架と塔がついた伝統的なスタイルの建物にしたいと考えました。建物自体を看板にしたかったのです。

会堂の話が出た時から相談に乗って工事を請け負ってくださったのは、小海町川平出身で東京の八王子市で工務店を営んでいるクリスチャンの新井與四継さんの新井建設でした。新井さんは、農業を営む弟の二一《にいち》さん家族とお母さんが暮らしている小海の実家に年に何度も来て、夏場にはゴルフ、冬場は鹿猟をしていて、それが日曜日と重なると礼拝に出席していたのです。

小さな群れの経済力からして、会堂返済の月額は10万円に抑えたかったので、牧師宅付きの礼拝堂とすることにしました。ただし、牧師宅のプライバシーが守られるために、会堂玄関とは別に牧師宅の玄関を付けることにしました。次に、礼拝堂を一階にするか二階にするかについて考えました。一階を牧師宅、礼拝堂を二階にした場合のメリットは、礼拝堂にかかる上からの荷重が少ないことと、小屋裏を活かして船底天井の大空間を作りやすいことです。また、この形が一番費用は抑えられます。しかし、このプランのディメリットは足の不自由な人にとってはどう見ても不親切だということです。というわけで、牧師宅を二階に、礼拝堂を一階に配置することにしました。また同じ理由でスイッチ類は、標準1・2メートルのところを、車椅子でも届く1メートルの高さにしました。ただし礼拝堂の天井は通常の天井よりも1メートル高くすることにしました。

一階の礼拝堂の大空間を維持するために、基礎を鉄骨建築なみの頑丈な耐圧基礎にして、大きな集成材の通し柱（土台から屋根まで貫く柱）を南北に四本ずつ建てて、その間に大きな集成材の頑丈な床梁を渡して二階部分を載せる構造とすることにしました。新井さんは「自分の家を建てるようなもんですから」とおっしゃって、ご自分が棟梁となり地元の友だちである大秀建設の大工さんと一緒に建ててくださいました。氷点下17度にもなる寒冷地なので、通気性と断熱効果の両立させる「外断熱方式」で建てるのだと言われ、また一階の礼拝堂は蓄熱式の床暖房を奨めてくださいました。

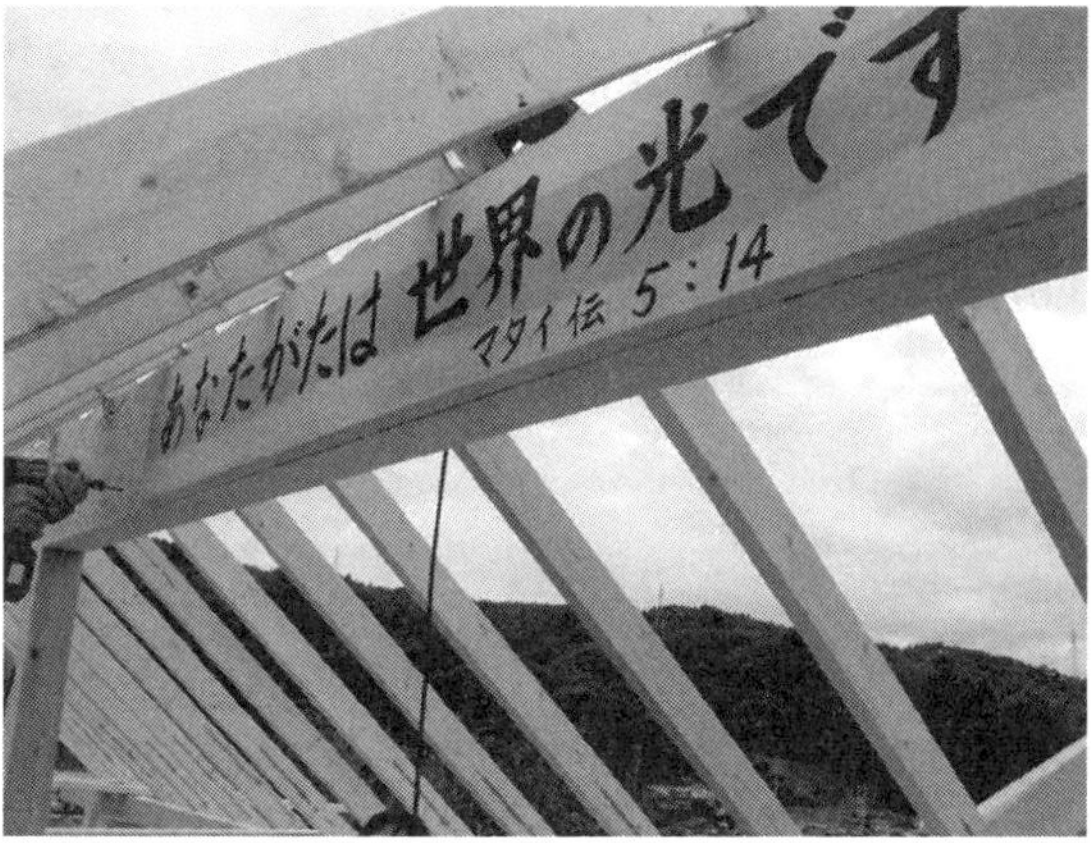

会堂の梁にみことばを記す

というわけで、間取りはシンプルですが、普通の軸組み工法と違って、かなり手間とお金のかかる建物になりました。それでも実際に建てられたのは、新井さんが文字通り「自分の家を建てる」つもりで建ててくださったからです。私も及ばずながら三か月間現場に入って手伝いをしました。あるとき私が壁打ちをしていたとき、五本打つべきところを三本で済ませていたら、大秀さんから、「先生だめだよ。施主様の身になって、きちんと五本打つんだよ。」と叱られてしまいました。釘の本数が少ないと強度が足りなくなるのだと、その時知りました。

会堂の屋根につける十字架は、白く塗装されたアルミの角パイプを二本組み合わせてL字金具で留めて作ってくださいました。白い十字架は青空をバックにしても、緑の山をバックにしてもよく目立ちます。後でライトア

小海キリスト教会の会堂

ップすると夜空に見事に十字架が浮かび上がりました。高価なステンレスの十字架は塗装ができず空が映り込んで見えにくいのですが、塗装されたアルミパイプで作れば安価・軽量でよく目立つのです。礼拝堂内の正面の十字架は、私が二本のツガの角材を組み合わせて作成しました。

十一月下旬、会堂工事が完了した日の夕暮れ時、大秀さんが「この会堂が多くの人の心のよりどころとなりますように。」と言ってくださいました。涙が出るほど嬉しかったです。献堂式に先立つ二〇〇一年十二月五日、クリスマス子ども会を開いたら多くの子どもたちが集ってくれました。ここ丘の上に教会堂が建設されていることは、四か月間、町中から注目の的になっていましたから、教会の中に入ってみたいという子どもたちが集まったのでしょう。二〇〇一年十二月八日の献堂式には、遠くから近くから多くの兄弟姉妹、地元の工事関係者とともに、町長代理の助役さんも祝辞に来てくださいました。開拓スタートから七年目のことです。

私たちは一町五村のうちいずれかの町村に会堂が建ったならば「松原湖高原教会」という名前をその立地にふさわしい名に改めようと考えていたので、「小海キリスト教会」に変更しました。

先に「会堂を与えてください」と祈り始めたのはCSの子どもたちだと書きましたが、厳密に言うとそうではありません。見晴台に会堂が建ったとき、二枝さんが「若い日に、悦ちゃんが見晴らし台を見上げて『小海に教会ができますように』って祈るのを聞いて、私は『こんな山奥の小さな町に教会ができるわけない』と思ったんです。でも祈りは聞かれるものなのですねえ。」としみじみ話されました。悦子さんが子どものころ育った家は、その丘の麓《ふもと》にあったのです。

12　主の教会

田舎の伝道と神学

私は南佐久郡に開拓伝道に立つとき、神学教師の道を断念しました。しかし、地域の人々と接し、祈りながら聖書を解き明かし、毎月「通信小海」を書くにつれて、自分の神学が地に足が着いてきたような気がします。それは、田舎には「生活の全体性と具体性」があったからです。都市生活では、大抵のことが例えば「大根一本は１２０円」というふうに、お金という抽象的な数字に換算されてしまいます。けれども一本の大根は実際には春に土を起こして肥料を入れて種を蒔いて炎天下で草をとって、やがて収穫したものです。また都市では道路や溝の整備は税金で維持していますが、税収の乏しい田舎では春先、梅雨明け、夏の終わりには地域の人たちが鍬や鎌や鋤《じょ》簾《れん》や草刈り鎌などを持って集まり、一緒に汗を流して道普請や公園整備をします。また、人口が一千万もいる都市で生活していたとき、牧師としての領分は教会だけで、社会意識はせいぜい靖国神社問題くらいでした。しかし、人口数千の自治体では誰もが町・村の将来をどうすべきだろうかと考えています。考えざるをえないからです。そんな環境で、私の聖書の読み方も変わってきました。一、二、三、例を挙げてみます。

ルカ福音書15章の「放蕩息子の譬え」における兄息子の気持ちがわかるようになったのです。あの譬え話の風景は田舎ではよくあることです。次男坊は都会に出て好きな仕事について結婚して家族を持ち、夏という農繁期に家族で田舎に帰省して、食べたいものを食べて遊んでいます。じいちゃん、ばあちゃんは大歓迎します。じいちゃん、ばあちゃんは、田畑を相続させてやれなかった次男に対してなんとなく負い目があって、帰り際には物陰でいくらかお金の入った封筒を渡すのです。しかし、家と田畑と墓に対する責任を感じて、自分の夢を横に置いて田舎にとどまった長男とその嫁としては面白くないのは当然でしょう。

またゲッセマネの園での「二振りの剣」の箇所はどうでしょう。主イエスは長い祈りが終わって弟子たちに、「しかし今は、財布のある者は財布を持ち、同じように袋も持ちなさい。剣のない者は上着を売って剣を買いなさい。」とおっしゃいます。弟子は「主よ、ご覧ください。ここに剣が二本あります」と言いました。するとイエスは、「それで十分」とお答えになりました（ルカ22・36－38）。中世の教会はこの箇所について、〈主は教会にみことばの剣と民を統治するための武器としての剣を託された。教会はこの世の権力者に武器の剣を貸してやっている。だから教皇が権力者に冠を授けてやる権威を持つのだ。〉という寓喩的解釈をしたそうです。ですが私は鉈《なた》や草刈り鎌とか手斧といった刃物が身近にある生活をして、「ああ、こういうことか」と思うようになりました。主イエスは、ご自分が天に上げられて後、弟子たちが地の果ての異邦にまで野を越え山を越えて福音宣教をしていくにあたっては、イスラエルで伝道したときと違って野宿をしなければならぬことを見越して、財布も袋を持っていくと同時に、薪を刈ったり魚をさばいたりする旅人用のナイフも忘れるなと言われたのでしょう。ちなみに「剣」と訳されることばはギリシャ語でマカイラというナイフを意味しており、戦に用いる太刀（ロムファイア）とは別のことばですから、「剣」でなくナイフと訳した方が正確でしょう。

また、野山を歩き、畑に入ったりお百姓さんの話を聞いて、三位一体の神が造られたこの世界においては、多様性と統一性の両方が大切だということがわかりました。多種多様な花々がいっせいに咲く五月の野山を妻と散歩して花を愛でたり、農家の人たちから近代農法が経済効率のためにひたすら規格化してきた結果、連作障害で困っていることを聞かされて、多様性と統一性の両立がいかに重要かが具体的にわかってきました。

私たちが南佐久に入ったころは、長野新幹線もインターネットもありませんでしたが、その後、長野新幹線が開通し、インターネットで書物と情報が容易に手に入るようになりました。そのうち、神学校から何か話をするようにと声がかかるようになりました。二〇〇三年には母校東京基督神学校で創世記の集中講義をしました。この講義はブラッシュアップして神戸神学館でもお話しました。その講義ノートは後年、『失われた歴史から―創造からバベルまで―』（ヨベル新書、二〇一九年）という本になりました。また、二〇〇六年から数年間は「キリスト教会史概論」[1]を講じることになりました。歴史は私の専門分野ではありませんが、母校でよんどころない事情が生じてお鉢が回って来たのです。毎週金曜日、朝暗いうちに起きて小海線―長野新幹線―北総線を乗り継いで東京基督神学校に出かけました。私が神学校で学んだ科目の中で、最も多くのエネルギーをもらったのは丸山忠孝先生の情熱的な教会史概論でした。歴史の中で、信仰の先輩たちがいかに悪戦苦闘しながら、主の教会を建て上げてきたのかを具体的に知ったことがエネルギーとなったのです。私は授業に際して、学問的にも正確であることを願って準備をしましたが、それ以上に願ったことは、あの丸山先生から受け取った歴史神学的洞察力と伝道者のスピリットを養うことでした。

教理学は、ともすると歴史的具体性を捨て去って観念的な議論に終始してしまう嫌いがあります。しかし、神のことばは人となって歴史の中に住まわれ、天の御座に戻られて後も、みことばと聖霊によって歴史の中にご自分のからだである教会を導いてこられました。つたない者ながらも教会史を教える機会に恵まれたこともまた、私の神学が地に足の着いたものとされていくうえで大切なことでした[2]。教会史のクラスでは時に応用問題として、日本近代における「教会と国家」を話題としました。クラスには日本人だけでなく、韓国人、中国人、アメリカ人がいましたから、日本人にしか通用しないような歴史理解でなく、神の御前でどのような歴史理解をするかが問われる貴重な経験でした。私への召しのことばである「あらゆる民族を弟子としなさい。」（マタイ28・19私訳）を意識させられました。

二〇二二年の春、『新・神を愛するための神学講座』（地引網出版）という組織神学書を出版しましたが、そこには南佐久郡での伝道と母校で教会史概論を担当したことが生きています。

「わたしの教会を」

田舎ではよそ者がやって来て地域の信用を得るために相当の年数が必要ですし、会堂建設をしたなら開拓者は返済の目途が立つまでは留まる責任があると思います。私の場合、小海町に二十二年間留まりました。そして小さいながらも神を畏れ共に祈り互いに愛し合う神の家族がそこにできたことは、神のみわざにほかなりません。

そろそろ会堂返済の教会債の部分の返済が終り、毎月の返済が銀行への数万円だけになるときが近づいて、私は自分が去って次の牧師に譲るべきときが近づいていると思って祈り始めました。ふさわしい後任者に委ねることが、開拓伝道者の最後の大事な仕事であると認識していたからです。朝の散歩で妻にこのことを話しました。主が「わたしの教会を建てます」とおっしゃったのに、小海の教会が「水草牧師の教会」になっては申し訳が立たない、と。

学生時代にお世話になった朝岡茂牧師は四十六歳で大腸がんの手術を終えたころから、折々説教の中で「牧師がいるときには、その牧会が本物であるかどうかわからない。牧師が去ったのち、その牧会の真価がわかるのです。朝岡亡き後、土浦めぐみ教会はますます一致して成長していかなければなりません。」とおっしゃったことを思い出していました。

そのように祈り始めて三年目、私はさらに二つのしるしが重なって北海道苫小牧に転じるべき時が来たと判断しました。一つは北海道の苫小牧福音教会の前任牧師が難しい事情のなか病で倒れて、後任者が必要とされているという状況があり、もう一つは北海道聖書学院で組織神学を担当しておられた蔡孝全宣教師が天に召され、学院では教師の必要があるということでした。その数年前の紅葉の美しいころ、私は函館で開かれたJECA北海道地区・青森地区合同教職者会のご奉仕にうかがったとき、自由時間に蔡宣教師とベンチで話をしたことがあったのです。蔡宣教師は「かつて宣教師はthe crusade spirit（クルセード・スピリット）つまり十字軍精神を持って行けと言われたものでしたが、今日ではthe crucified spirit（クルーシファイド・スピリット）つまり十字架にかけられた精神こそ宣教師の持つべき精神であると教えられています。」と言われました。蔡宣教師の物腰がそのままcrucified spiritを表しているように感じました。

また妻も、私が転ずべき時が近づいていると話してから祈ってきて、その間にも新しい求道者が与えられてはいたものの、自分が小海キリスト教会で果たすべき務めは終わったと感じるようになっていたそうです。私たちが小海キリスト教会を離れることになり、教団を通じて神様が与えてくださった後任者は、私たちとは異なる賜物の信頼できる荒籾《あらもみ》牧師夫妻でした。ご夫妻は以前、松原湖バイブルキャンプ主事夫妻として奉仕されていたころ、小海キリスト教会のメンバーでした。私たちが去った後、私たちが導きえなかった方たちもさらに加えられて、福音が前進している様子をうかがって、主に感謝しています。

「通信小海」読者の会

「通信小海」は、人口は二万五千人の南佐久郡に、最初は毎月五千部、途中から七千部、二七〇号まで発行しましたから、番外も含めれば合計百九十万部余り配布したことになります。後任の牧師夫妻は、その後も「通信小海」発行の働きを継続していてくださっています。私が書きたくても書けなかった、地域の方たちにとってもっと身近な内容の新生「通信小海」になっています。そういう意味では、南佐久郡はおそらく日本一「福音濃度」の高い地域であると思います。「主の宣教命令」の章で書いたように、教会は氷山の海面上の一角ですから、海面下の見えない部分すなわちキリスト教への好意者層が大きくなってこそ大きくなるものだと思います。文書伝道にかぎったことではありませんが、あまり目先の成果にとらわれず、あらゆる機会を用いて、倦《う》まず弛《たゆ》まず「福音濃度」を高めることが大事だと考えます。

北海道への転任三か月前の二〇一六年一月号の「通信小海」で、私たちが南佐久を去ることを予告しました。すると思いがけず教会員の恵子さんのご主人孝和さんが、「『通信小海』は南佐久郡の良心だと思ってきた。水草さんに何の話もさせないで去ってもらうわけにはいかない。」とおっしゃいました。そして友だちに声をかけて「『通信小海』読者の会」をつくって、小海町の北牧楽集館という公民館を借りて、二月二十七日に講演会の準備をしてくださいました。私は集まってもせいぜい二十人程度かなあと思っていましたが、蓋を開けてみると百名を超える人たちが集ってくださいました。こんなに多くの人が「通信小海」を読んでいてくださったのだと嬉しく思い、やがてこの方たちがイエス様を信じて神の家族となる日が訪れたら、どんなに素晴らしいだろうと思いました。演題は「人間として生きる――人間、その偉大と悲惨――」としました。以下、その概要を記しておきたいと思います。

「通信小海」読者の会

講演「人間として生きる――人間、その偉大と悲惨――」

二十二年間、「通信小海」に家庭、憲法、原発、環境問題、教育問題……といろいろなことを書いてきましたが、この際、これらすべての記事の背景にあることについてお話ししたいと思い、「人間として生きる」と題してみました。

私たちが人間として生きることを妨げる三つの主義があります。その第一は科学的合理主義です。現代人の多くは、人間をコンピュータ付きのロボットのように教え込まれていますから、生産性がなくなった人を粗大ごみ扱いします。私たちが人間として生きることを妨げる第二の主義は、「カネで買えないものはない」という拝金主義です。私たちが人間として生きることを妨げる第三は国家主義です。現代の国家主義者は、天賦人権論は個人主義を招くと批判して「政府が国民に人権を与えてやっているのだ」という主張をしています。しかし、明治以降、我が国はこの国賦人権論に立ち、戦争に明け暮れて最後は一敗地にまみれ、かの戦争でアジア二千万人、日本人が三百五十万人殺されました。まだ懲りないのでしょうか。

福澤諭吉は『学問のすすめ』の冒頭で「それ天は人の上に人を造らず、人の下に人を造らずといへり」と言います。諭吉の主張の起源はバージニア権利章典（一七七六年）です。諭吉が権利章典に感心したのは、「すべての人間は生まれながらにして平等であり、その創造主によって、生命、自由、および幸福の追求を含む不可侵の権利を与えられている」というくだりです。明治に入ってもなお身分制度が残っている日本社会において、「天は人の上に人を造らず、人の下に人を造らず」という宣言は驚くべきものでした。諭吉は「天」をひらがなで「ごっど」と呼んでいます。

聖書は万物の創造主が、人間はご自分の似姿として造られたのだ。だから人間は尊い存在なのだと教えています（創世記2・7）。しかも、神は父・子・聖霊の三位一体の愛の交わりの神なので、私たち神の似姿である人間も、互いに尊敬し愛し合うべきなのです。天賦人権論は、利己主義でなく私たちに自らの尊厳と隣人愛をもたらすのです。

現代社会では殺人事件、テロ、詐欺のニュースを聞かない日はありません。私たちの家庭にも職場の人間関係にも、なにかしら不和があるでしょう。私たちは本来の素晴らしい姿を失っています。それは、私たちが真の神である創造主を見失って、神ならぬものを神とする偶像崇拝に陥っているからです。科学主義、拝金主義、国家主義は思想的偶像崇拝です。

神の御子イエス・キリストは、そんな悲惨な状態に陥った私たち人間を、創造主のもとに引き戻して救うために、二千年前にこの世に来られました。私たちが再び創造主とともに生きる道を備えてくださったのです。最後にイエス・キリストのことばをお読みします。

「わたしが道であり、真理であり、いのちなのです。わたしを通してでなければ、だれも父のみもとに行くことはできません。」（ヨハネ14章6節）

講演が終わると花束贈呈まであって、なんだか少し照れ臭かったのですが、感激でした。

1　「キリスト教会史概論」の講義ノートは、HP「水草牧師の書き物」→「歴史・思想・倫理」を参照。

2　水草、前掲書、序章「神を知ること、神を愛すること」の1「神を愛するために」、2「抽象化を許さない、神の啓示の方法」を参照。

あとがき

二点、本書と前著『新・神を愛するための神学講座』（地引網出版、２０２２年）との関連について触れておきます。前著のAmazonのレビュー欄にHeiderberger53氏が、次のように書いてくださいました。

「著者は、伝統的な神学の流れをしっかり押さえつつも、それを超えたところで、自由に神学を展開しています。しかもそれが聖書的であり、保守的でもあり、なおかつ新鮮な味わいを持って響いて来るのです。『この視点はどこから？』と味わいながら何度も思いましたが、その都度に気付かされたのは、著者が地方教会の現場で長年汗を流してきた牧師、伝道者であるということでした。教会形成の苦闘と、そこで出会う人々に真摯に向き合いながら、同時に聖書に真剣に向き合い、神の声を聴きとろうとしている。そんな姿勢こそが、本書を味わい深い神学書にしていると思われました。」

ありがたい書評です。「この視点はどこから？」という疑問に対する答えが、本書には記されていることになりましょう。それで、両書をリンクするため各章末の注に、参照箇所を記しておきました。

前著が出版されて数か月経ったとき、安藤友祥牧師（日本同盟基督教団世田谷中央教会）からメールが届きました。驚いたことに、『新・神を愛するための神学講座』の引用聖句索引が添付されています。よくぞ面倒な作業を、と感謝しました。実は、前著の原稿が仕上がったとき、「索引を付ければ、読者には役に立つだろうなあ。」という思いがよぎったのです。私自身、組織神学書を通読したあと、「あの件はどこに書いてあったんだっけ？」と感じたときには、しばしば索引を活用するからです。けれども、余力がなくて結局、索引を付けることは断念して目次を詳しくするにとどめました。

また先日、教団総会に出かけましたら、同労者の一人が『新・神を愛するための神学講座』をサインを求めて持って来られました。お話を伺えば、通読後、座右に置いて何度も開いているということでした。また他の読者から「目次だけでなく、索引が欲しい」という要望を聞きました。そこで、今回の出版に当たって、付録として『新・神を愛するための神学講座』の引用聖句索引と主要語句索引とを付けることにしました。右から読めば『南佐久郡開拓伝道の記録』、左から開けば『新・神を愛するための神学講座』の主要語句索引・引用聖句索引となっています。また、前著の正誤表を挟み込んでおきますので、ご活用ください。

苫小牧では会堂へ通う道端に福寿草が黄色い花を咲かせました。北海道にもようやく春がやって来ました。主が許してくださるかぎり、日々「十字架のことば」の宣教に励みます。

三月の苫小牧にて　　水草　修治

黙示録

Iコリント

使徒の働き

ヨハネの福音書

ルカの福音書

マルコの福音書

新約聖書

マタイの福音書

『新・神を愛するための神学講座』
(水草 修治著　地引網出版　2022年)

引用聖句索引

旧約聖書

創世記

る

れ

ろ

と

に

ね

の

は

ひ

す

せ

こ

さ

し

『新・神を愛するための神学講座』
（水草 修治著　地引網出版　2022年）

主要語句索引

あ

い

＜付録＞
『新・神を愛するための神学講座』
主要語句索引・引用聖句索引

【著 者】**水草 修治**（みずくさ・しゅうじ）

1958年、兵庫県神戸市生まれ。19歳で回心し、20歳で受洗。筑波大学・比較文化学類現代思想学専攻でパスカルを学び、1982年卒業。東京基督神学校、1985年卒業後、日本同盟基督教団大泉聖書教会での牧会のかたわら、東京都立大学大学院でアウグスティヌスを学ぶ。1994年から同教団小海キリスト教会を開拓し、そのかたわら東京基督神学校で教会史講義を担当。2016年から同教団苫小牧福音教会牧師、北海道聖書学院教師（組織神学）。鼻笛演奏家。

主著：『神を愛するための神学講座』（第四版、いなもと印刷、2000年）、『失われた歴史から—創造からバベルまで—』（ヨベル、2019年）、『新・神を愛するための神学講座』（地引網出版、2022年）

私は山に向かって目を上げる
—信州南佐久における宣教と教会開拓—

2023年5月31日　第1刷発行

著　者：水草 修治

装　幀：熊谷 通良

発行者：谷口 和一郎

発行所：**地引網出版**

〒191-0065　東京都日野市旭が丘2-2-1
TEL 042-514-8590　FAX 042-514-8591
e-mail info@revival.co.jp　URL http://www.jibikiami-book.jp

組　版　株式会社アイプレス

印刷所　中央精版印刷株式会社

万一、落丁・乱丁の場合は送料当方負担でお取り替えいたします。上記住所までお送りください。

ISBN978-4-901634-51-9 C0016